D0371731

CAMINO SENCILLO

CAMINO SENCILLO

Con la colaboración de
Lucinda Vardey

Ballantine Books
New York

 Publicado en los Estados Unidos por Ballantine Books, una división de Random House, Inc., New York, y simultaneamente en Canada por Random House of Canada Limited, Toronto. Publicado en inglés en Gran Bretaña por Rider, una imprenta de Ebury Press, Random House UK Ltd., y en los Estados Unidos por Ballantine Books, una división de Random House, Inc., en 1995. Esta traducción al castellano fue publicada en España por Editorial Planeta, S.A., en 1995.

Numero de Catalogación en la Biblioteca del Congreso: 95-95153

Impreso en los Estados Unidos de America

Primera edición en castellano por Ballantine Books:
octubre de 1995

10 9 8 7 6 5 4 3 2 1

Índice

Cómo surgió este libro

«Yo puedo contaros cosas de mi camino —afirma la Madre Teresa—, pero yo sólo soy un pequeño alambre; la potencia es Dios. Hablad con los demás, con las hermanas y los hermanos, y con la gente que colabora con ellos. Algunos no son cristianos; hablad con ellos. Sabréis lo que es cuando lo veáis. Es muy hermoso.»

Este libro, *Un camino sencillo,* se inició hace varios años, cuando Omer Ahmed, un compañero mío que es productor de cine, concertó una cita con la Madre Teresa para discutir algunas ideas para un libro y un proyecto de cine. Aunque ha vivido en Londres durante cuarenta y cinco años, Omer es originario de la India, y sus bisabuelos eran propietarios de tierras en los distritos de Tiljala y Motijheel, en la ciudad de Calcuta. Tiljala se encuentra hoy al otro lado de la vía férrea, delante del centro de la Madre Teresa para discapacitados mentales, y Motijheel es el área donde ubicó su primer centro. La familia de Omer es musulmana, pero todas sus hermanas fueron educadas en el colegio católico de Loreto, donde la Madre Teresa ejerció como maestra en las décadas de los treinta y los cuarenta. Esta familia ha apoyado desde hace mucho tiempo el trabajo de las Misioneras de la Caridad.

Nosotros estábamos interesados en explorar el potencial de la Madre Teresa como símbolo del amor en acción. Su impacto sobre la opinión pública ha sido comparado en ocasiones con las ondas que causa una piedra al ser lanzada en un lago en calma. Para muchos no cristianos, la Madre Teresa representa una forma de cristianismo que pueden respetar con toda franqueza.

Sin embargo, aunque la mayor parte de los detalles biográficos sobre la Madre Teresa son bien conocidos en la actualidad, lo que no acaba de comprenderse es por qué ella y los hombres y mujeres de su congregación viven como lo hacen y si, en los actuales tiempos de complicación y confusión, ella tiene algo relevante y accesible que decir a quienes buscan una mejor forma de vivir a finales del siglo XX. Escuchando sus palabras, observando sus actos y sus motivaciones, ¿podríamos aprender más cosas acerca de cómo llegar a conectar realmente con la gente que nos rodea? ¿Pueden la Madre Teresa y sus Misioneras de la Caridad ofrecer alguna esperanza en este mundo que se nos antoja tan difícil?

Con esas y muchas otras preguntas en la mente, nos encontramos un caluroso día de julio de 1994 esperando en la Casa Madre de las Misioneras de la

Caridad en Calcuta. Como en todos los hogares que la congregación tiene repartidos por el mundo, la atmósfera que se respiraba era muy funcional y de gran ajetreo. Los visitantes eran tratados con amabilidad, pero no se les permitía obstaculizar el importante trabajo de ayuda a los más pobres entre los pobres.

En un principio, la Madre Teresa no tenía muy clara la perspectiva de que se le dedicara otro libro. Ella expresó sus dudas respecto a que más palabras consiguieran acercar a un mayor número de personas el significado de la misión de caridad que ellos llevan a cabo. Todo era muy simple, según ella. ¿Por qué iba a necesitar nadie una guía para seguir su camino sencillo? Lo único que nosotros, y quien fuera, necesitábamos era hacer el trabajo, rezar y empezar a amarnos más los unos a los otros. En primer lugar, nos propusimos familiarizarnos al máximo con el trabajo de las Misioneras de la Caridad, visitando el Shishu Bhavan (hogar infantil), el Prem Nivas (centro para pacientes de lepra en Titagarh, llevado por los hermanos Misioneros de la Caridad), el Nirmal Hriday (hogar para moribundos e indigentes) y el Prem Dan (hogar para enfermos de tuberculosis y discapacitados mentales).

Visitamos esos y otros centros en diversas ocasiones, y la experiencia nos dejó absolutamente convencidos de la necesidad y oportunidad de un libro en el cual pudiéramos aprender cómo rezar, cómo amar con más facilidad y cómo ofrecer un mejor servicio a los demás. Tal vez esas cuestiones no supusieran ningún problema para las Misioneras de la Caridad, pero en Occidente sí precisamos de una serie de pasos claros y coherentes que nos ayuden a seguir ese camino.

Llegados a este punto, la escritora Lucinda Vardey fue elegida para redactar el libro y se unió a nosotros en ulteriores investigaciones. Durante los meses que siguieron fuimos recibiendo cada vez mayor apoyo para nuestro proyecto por parte de la Madre Teresa y de su comunidad, y empezamos a conversar extensamente con ella sobre una amplia gama de temas. Luego hablamos sobre su visión de la vida y sobre el trabajo de las Misioneras de la Caridad con hermanas y hermanos de la India y de Occidente que la misma Madre nos presentó. A continuación, nuestra investigación nos llevó a personas de muchos rincones del mundo que habían trabajado como voluntarias en los hogares de las Misioneras de la Caridad, a las que también pedimos que compartieran con nosotros sus experiencias y sentimientos en relación con su trabajo. Para concluir, la Madre Teresa y sus colaboradores revisaron y aprobaron el texto y nos desearon buena suerte. Los resultados quedan plasmados en las páginas siguientes.

1995.

JOHN CAIRNS

Introducción

Sea cual sea nuestra opinión sobre la Madre Teresa como valiente misionera o como santa en vida, es indudable que su figura ha causado una honda impresión. Quien más quien menos, todos nos hemos formado una opinión sobre ella. La Madre Teresa ha sido reconocida como líder en lo que respecta a la paz mundial y aparece a menudo en las listas de las mujeres más admiradas del mundo. No obstante, ella nunca se ha considerado nada extraordinario, ni a sí misma ni tampoco al trabajo que desarrolla.

Pero ¿qué sabemos realmente de su filosofía y de su trabajo? Si nos tomamos la molestia de profundizar más allá de su imagen pública, descubriremos que su fe y la claridad de los objetivos que persigue nos brindan poderosas lecciones en cuanto a formas de amar, servir y respetar a los demás seres humanos, especialmente a aquellos que viven en la pobreza. Ella practica lo que predica. Defiende un camino sencillo que cualquier persona puede seguir.

En tiempos pasados aparecieron líderes espirituales extraordinarios en momentos en que el mundo necesitaba con urgencia el liderazgo de algún guía espiritual. Estas personas, dotadas de una enorme fuerza espiritual, se hallaban claramente conectadas con Dios y, en muchos casos, sus enseñanzas fueron revolucionarias. Una de estas figuras fue el carismático san Francisco de Asís.

Nacido en la Italia del siglo XII, Francisco de Asís vendió todas sus posesiones para obedecer a la llamada de Cristo que le instaba a restaurar su Iglesia. En un principio se dedicó a vivir en la pobreza (no llevando más ropa que una tosca túnica), mendigando comida y cuidando de leprosos y otros marginados. Más tarde fundó una orden de frailes y tuvo gran influencia en la reforma de la por entonces rica y próspera pero frecuentemente mal gobernada Iglesia católica. Cuando le llegó la muerte, había reunido a más de cinco mil monjas, sacerdotes y monjes profesos para que continuaran la tarea que él había emprendido. La orden franciscana ha llegado a ser una de las órdenes religiosas más importantes del mundo.

San Francisco fue un radical en su tiempo —fue acusado incluso de hereje— porque ofrecía una nueva visión de la vida cristiana, al vivir como mendigo, creer en la Providencia y seguir estrictamente las enseñanzas del Evangelio. Pero el dato poco mencionado de su biografía se refiere al hecho de que reformara su propia religión desde dentro de la Iglesia institucional, en lugar de optar por escindirse de la misma. La vida de la Madre Teresa presenta muchas similitudes con la de san Francisco. El camino de ésta discurre también a través de la pobreza, la austeridad y su adhesión a las enseñanzas de Jesucristo, motivo por el cual ha sido considerada progresista en el actual marco fundamentalista de la Iglesia patriarcal. Con todo, ella predica el amor y la paz en la acción, en un mundo todavía carente de líderes femeninos carismáticos y desde una de las ciudades más grandes, pobres y contaminadas de Asia.

La Madre Teresa recibió la llamada de Dios que la instaba a servir a los más pobres entre los pobres en 1946, y empezó a pequeña escala, cuidando de una persona enferma y agonizante que encontró en las calles de Calcuta. Hoy se halla a la cabeza de las Misioneras de la Caridad, una congregación religiosa que fundó con la bendición de la Santa Sede en 1950. Durante los últimos cuarenta y cinco años, al tiempo que el número de vocaciones decrecía lentamente en la Iglesia católica, las hermanas y hermanos Misioneros de la Caridad se hacían más numerosos, superando en la actualidad el número de cuatro mil, repartidos por todo el mundo.

Las hermanas y hermanos Misioneros de la Caridad sobrellevan su vida de pobreza con una fe absoluta en que va a acercarlos a Dios. Confían y creen en su Providencia y, al igual que san Francisco de Asís, viven y trabajan únicamente gracias a la generosidad de terceros. Asimismo, como san Francisco, viven de acuerdo con las enseñanzas que predican, lo cual implica no poseer nada que no posean los pobres a los que sirven. Su alimentación es frugal y sus pertenencias se reducen a dos mudas de ropa, un par de sandalias, un cubo, un plato de metal, los utensilios básicos y escasa ropa de cama. Su vida de comunidad está construida en torno a las palabras del Evangelio: la vía cristiana de la oración, el amor, el perdón, el abstenerse de juzgar, la humildad, la verdad y la total entrega a los demás.

Una breve mirada a algunos de los acontecimientos clave en la vida de la Madre Teresa contribuye a arrojar alguna luz sobre las múltiples facetas de su personalidad, así como sobre el propósito de su trabajo. La Madre Teresa, nacida Agnes Gonxha Bojaxhiu en Skopje, entonces Albania, vino al mundo el 26 de agosto de 1910: era la pequeña en una familia con tres hijos. Disfrutó de una infancia feliz: su padre era contratista de obras e importador y su madre era una persona estricta pero cariñosa que tenía una profunda fe. Tras la muerte prematura de su padre, la vida se hizo más dura y, para ayudar a su familia, la madre de Agnes montó un negocio de venta de telas y brocados. En la adolescencia, Agnes entró a formar parte de un grupo de gente joven de su parroquia local conocido como la Hermandad, y a través de las actividades que allí se llevaban a cabo, bajo la tutela de un sacerdote jesuita, Agnes se interesó por el mundo de los misioneros.

La primera revelación de su vocación como misionera católica le llegó cuando contaba dieciocho años y la impulsó a entrar en una congregación irlandesa, las hermanas de Loreto, bien conocidas por su trabajo en las misiones, especialmente en la India. Desde muy temprana edad la Madre Teresa deseaba trabajar en el subcontinente indio, pero primero marchó a Irlanda, con la intención de aprender inglés para después ser transferida en calidad de maestra a la Escuela superior-convento Loreto de Santa María en Calcuta. Eso ocurrió el 6 de enero de 1929, y cuando hizo los votos como hermana de Loreto, el 24 de mayo de 1931, eligió el nombre de Teresa en honor de santa Teresa de Lisieux.

Tanto la decisión de dejar su patria y marcharse al otro extremo del mundo como la de adoptar el nombre de Teresa como nombre de religiosa constituyen dos claves esenciales para comprender la fuerza, el carácter y los objetivos de la Madre Teresa, su fervor, no sólo por convertirse en religiosa, sino también por decantarse claramente hacia la labor de misionera, «para salir a la calle y ofrecer a la gente la vida de Jesucristo»; así se refiere ella a esta primera llamada.

La vida de misionera es una vida dura con un claro impulso evangelizador y una profunda creencia en la fuerza de acción presidida por la compasión. El espíritu precursor de la Madre Teresa estuvo presente desde el principio. No obstante, la labor de un misionero no trata solamente de la acción compasiva, y la Madre Teresa nos da un primer indicio de la vertiente contemplativa de su misión adoptando a santa Teresa de Lisieux como guía espiritual. Hija menor de un relojero francés y su esposa, Teresa de Lisieux ingresó en las carmelitas en 1888, a la muy temprana edad de quince años, proclamando que su vocación era el «amor» y que uno de sus deberes principales residía en orar por los sacerdotes y los misioneros. Personalmente incapacitada para ser misionera a causa de una enfermedad, se dedicó a la enseñanza de los caminos que conducen a una espiritualidad sana, sencilla, rebosante de espíritu de sacrificio, de generosidad y orientada hacia la verdad esencial del Evangelio. Ella escribió: «Mi pequeña vía es la vía de la infancia espiritual, el camino de la confianza y de la total entrega personal.» Se dijo de ella que era «como una pelota en manos del Niño Jesús». La Madre Teresa, por su parte, opta por una visión menos festiva, más práctica, de su camino sencillo, de confianza y entrega personal, comparándose a sí misma con «un lápiz en manos de Dios».

En Calcuta, la Madre Teresa enseñó geografía y catequesis en el colegio de Saint Mar y aprendió el hindi y el bengalí; en 1944 fue promocionada al cargo de directora de su escuela. Corrían tiempos muy duros, con racionamiento de alimentos y crecientes cargas de trabajo, y la Madre Teresa, que no era de por sí una mujer fuerte, cayó enferma de tuberculosis. Ello la incapacitó para continuar como profesora y hubo de ser enviada a Darjeeling, para reponerse al pie de la cordillera del Himalaya.

El 10 de septiembre de 1946, en el transcurso del viaje en tren, tuvo su segunda revelación, «la llamada dentro de la llamada», como ella la denomina, «y cuando eso ocurre, lo único que se puede hacer es decir "sí". El mensaje era bastante claro:

debía dejarlo todo y seguir a Jesús hasta los barrios pobres, para servirle dedicada a los más pobres entre los pobres. Yo sabía que ésa era su voluntad y que debía seguir al Señor. No cabía duda de que ésa debía ser su intención. Él me instaba a dejar el convento y a trabajar con los pobres, viviendo entre ellos. Se trataba de una orden. Yo sabía cuál era mi sitio, pero no sabía cómo llegar a él».[1]

Le llevó un par de años obtener permiso para reorientar su servicio en las misiones, pasando de maestra a servidora, de vivir en una comunidad segura y confortable a no poseer nada más que una fe excepcional y una visión extraordinaria.

Muchas hermanas que trabajaron con la Madre Teresa durante sus diecinueve años en Saint Mary, al ser preguntadas al respecto, hablan siempre de ella como de una persona normal con una salud frágil. Hoy, sin embargo, se la podría definir como la depuradísima y enérgica emprendedora que ha percibido una necesidad y ha pasado a la acción para paliarla, creando una organización desde la nada, formulando sus constituciones y extendiendo sus ramificaciones por todo el mundo. Y ello encierra otro ejemplo de las visibles diferencias entre su ca-

1. E. Egan, *Such a Vision of the Street*, Londres, 1985.

rácter y su vida. La Madre Teresa encarna esa rara combinación del ser activo, con fundamento y el alma trascendental, contemplativa, una combinación que tiene su origen en la plegaria que, como ella afirma, le ayuda a alcanzar el «justo equilibrio entre la tierra y el Cielo». Este equilibrio entre una voluntad férrea y la total entrega a Dios es instructivo, pues ella ha dicho de su progreso en la santidad que «depende de Dios y de mí misma, de la gracia de Dios y de mi voluntad. El primer paso para ser es desearlo».

Cuando se le pregunta acerca de su santidad, la Madre Teresa responde siempre de una manera práctica que es una necesidad vital, y explica que no se trata de un lujo para unos pocos elegidos, como los que optan por el camino de la vida religiosa, sino que simplemente «es un deber de todos. La santidad es para todos».

El hecho de ser considerada por muchos «una santa viviente» puede estar relacionado con un concepto que está adquiriendo cada vez más peso en la vida contemporánea: el equilibrio. El famoso maestro indio Krishnamurti interpretó la santidad como un derivado de la «integridad», lo cual significaba que las distintas partes de uno mismo se combinaban equitativamente en la persona. La vía espiritual de la Madre Teresa demuestra lo importante que resulta hallar un equilibrio entre la vida contemplativa y la vida práctica de la acción presidida por el amor. Ciertamente parece sencillo, pero tras la sencillez de la Madre Teresa se esconden años de experiencia y devoción que han desembocado en una fe, voluntad y sabiduría sin parangón.

Este equilibrio entre la conciencia de los pequeños detalles de aquí y ahora y la visión más amplia de la vida eterna le permite ser respetuosamente íntima, pragmática y perspicaz, vulnerable pero fuerte, realista pero contemplativa y mística. Las dos anécdotas siguientes ilustran su habilidad para ser generosa y perspicaz. Un voluntario inglés quedó profundamente impresionado en su primer encuentro con la Madre Teresa, que tuvo lugar en su adolescencia cuando él estaba en la escuela superior. «Era capaz de hablar con nosotros como lo haría con cualquier otra persona. Creo que fue eso lo que tanto nos impresionó: ella se movía en nuestra misma onda. Desde entonces he conservado esa misma sensación en cuantas ocasiones he tenido oportunidad de verla. Hable con quien hable, esa persona se convierte para ella en lo más importante en ese momento. Y lo mismo da que tenga delante a un presidente o a Pepito Fernández. Eso me gusta, y creo que la mayoría de personas que la han conocido han sacado esa misma conclusión.»

Una mujer que se ofreció para ayudar a las Misioneras de la Caridad en Calcuta y que estaba reflexionando sobre su propia vía espiritual se encontró por casualidad a la Madre Teresa en el balcón de su habitación en la Casa Madre. «Estaba hablando con algunas personas; había un matrimonio indio delante de mí y, de repente, ella se volvió, me miró y preguntó: "¿Cuándo piensa usted tomar una decisión?" Me quedé atónita, pues además lo dijo sin que yo hubiera abierto la boca para nada. De alguna manera, sabía quién era yo a un nivel muy profundo. Eso me emocionó realmente; ella me conmovió tanto que me pasé el resto del día en la capilla, llorando y recuperándome. Entonces supe que debía tomar una decisión acerca del camino a seguir, decisión que había ido aplazando durante mucho tiempo.»

Dado el respeto que inspira la Madre Teresa a nivel internacional, se espera mucho de ella.

Tratándose de una mujer, ¿cómo explicar que no se convierta en portavoz del género femenino en los importantes temas que éste tiene planteados, no solamente en el seno de la Iglesia sino en el mundo en general? La Madre Teresa, ciertamente, nunca se desviaría de la doctrina de la Iglesia; no podría y, probablemente, tampoco querría hacerlo. Cuando le preguntan acerca de los temas más candentes, como el aborto o el acceso de la mujer al sacerdocio, ella tiene muy clara su actitud. Toda vida humana es preciosa para Dios sin excepción alguna, y cita a María, la Madre de Cristo, para responder a las cuestiones sobre el papel de la mujer en los oficios sagrados. Afirma que María habría sido el mejor sacerdote de todos, y sin embargo se llamaba a sí misma y fue siempre la sirvienta del Señor. La Madre Teresa y todas las Misioneras de la Caridad toman como modelo a la Virgen María, a la que rezan fervientemente, considerándola símbolo máximo de santidad, pureza, castidad, entrega y sagrada maternidad. Esta devoción femenina a la Madre divina constituye el mejor camino hacia el corazón de Cristo. Una de las oraciones que recitan frecuentemente la Madre Teresa y las Misioneras de la Caridad es la siguiente:

María, Madre de Jesús, dame un corazón
como el tuyo, tan hermoso, tan puro,
tan inmaculado, tan lleno de amor y

humildad, para que yo pueda recibir a Jesús en el Pan de la Vida, amarle como tú le amaste y servirle en las horas de aflicción de los más pobres entre los pobres.

Este tipo de servicio a los pobres, al que la Madre Teresa se refiere con detalle en este libro, no siempre consiste en hacer cosas por ellos, sino sobre todo en estar con ellos en su sufrimiento, compartiéndolo con Cristo. La Madre Teresa señala con frecuencia que eso es lo «que estaban haciendo san Juan y nuestra bendita Madre al pie de la cruz».

Muchos de los hogares de las Misioneras de la Caridad albergan grandes y algunas veces recargadas imágenes de la Virgen María como se la suele representar a menudo, con una túnica azul y blanca, atuendo con el que se apareció a santa Bernadette en Lourdes o bien como la Reina de los Cielos, rodeada por un halo de estrellas y luz. Pero los signos del ecumenismo de la Madre Teresa son también con frecuencia muy evidentes. Por ejemplo, en Calcuta, nada más franquear las puertas del Prem Dan, el hogar de las Misioneras de la Caridad para tuberculosos y pacientes con discapacitación mental, se divisa una imagen a tamaño natural de la Virgen, envuelta en una túnica azul y con un rosario entre los dedos; una observación más minuciosa revela que tiene cara de india, lleva una túnica india de color blanco y se halla sobre un pedestal que representa una enorme flor de loto rosada.

Muchas de las obligaciones habitualmente llevadas a cabo por sacerdotes, por ejemplo en la liturgia y en determinadas partes de la misa diaria, son asumidas por las hermanas y por la misma Madre Teresa y, en general, todas sirven a Dios sin someterse demasiado a las limitaciones del protocolo.

La Madre Teresa dijo una vez de sí misma: «Mi sangre y mi origen son albaneses. Pero soy de ciudadanía india. Soy monja católica. Por profesión, pertenezco al mundo entero. Por corazón, pertenezco por completo al corazón de Jesús.»[2] Ella define su papel a la hora de abarcar el mundo diciendo: «Nuestra tarea consiste en animar a cristianos y no cristianos a realizar obras de amor. Y cada obra de amor, hecha de todo corazón, acerca a las personas a Dios.» Su compromiso de misericordia radica en repartir amor por el mundo mediante el alivio del sufrimiento ajeno, a través de una congregación de

2. E. Egan. *Such a Vision of the Street,* Londres, 1985, p. 357.

monjas y monjes que sirven a una comunidad en su mayor parte no cristiana, y que no obliga a las personas atendidas a convertirse a la fe católica.

La Madre Teresa ha elegido amar en un ámbito en el cual la mayoría de las personas no podrían hacerlo, entre los pobres y los que sufren. Y es en él donde ella ha recogido los frutos de su trabajo, así como los ingredientes para su camino de sencillez.

Un camino sencillo

La doctrina cristiana siempre enseña que amemos a Dios y a nuestro prójimo como a nosotros mismos, pero la Madre Teresa, quizá por influencias orientales, la ha resumido en seis pasos para que reine la paz en nosotros mismos y en los demás, preceptos que pueden ser asumidos por toda persona, aunque no posea creencias religiosas o practique otra religión, sin que éstos supongan un insulto para sus creencias o prácticas religiosas. Así, al leer las palabras de la Madre Teresa y las de los miembros de su comunidad podemos, si lo deseamos, sustituir las referencias a Jesús por los nombres de otros dioses o símbolos de la divinidad.

No obstante, la vía elegida por la Madre Teresa

es la cristiana y su Dios es Jesucristo. Su compromiso con Cristo ocupa un lugar central en todo lo que hacen ella y las demás Misioneras de la Caridad. Junto con los votos de pobreza, obediencia y servicio sincero a los más pobres entre los pobres, tanto los hombres como las mujeres de la congregación efectúan el voto de castidad, a través del cual las mujeres quedan comprometidas y dedicadas a Cristo, mientras que el corazón de los hombres es libre para «inflamarse al máximo de amor por Dios y por la Humanidad».[3] La Madre Teresa (y cada una de sus hermanas) se refiere a sí misma como «esposa de Dios»; las hermanas son invitadas a penetrar en esta relación para el resto de su vida adulta, a amar a Jesús con todo su corazón. En una ocasión, la Madre Teresa comentó que esta relación era similar al amor de la esposa hacia su marido, «todas somos mujeres que poseemos la habilidad de hacer uso de ese amor. No deberíamos avergonzarnos de amar a Jesús con todo nuestro sentimiento.» A los numerosos comentarios recibidos de personas que le decían que para saber de las cosas del amor debería estar casada, respondió en una ocasión: «Sí, lo estoy, pero a veces me cuesta

3. E. Egan, *Such a Vision of the Street,* Londres, 1985, p. 307.

dedicarle a Él una sonrisa, ya que ¡puede llegar a ser tan exigente!» Así pues, esta dedicación, este compromiso con Dios mediante el voto de castidad debe ser entendido como un aspecto central en la vida de toda religiosa. Haciendo los votos se renuncia al matrimonio y la persona queda consagrada a Dios. Se trata de un compromiso más radical que el matrimonio, pues el amor que se ofrece a las demás personas se da solamente a través del amor a Dios. «En conciencia, yo no puedo amar a un ser con el amor que profesa una mujer a un hombre —declaró en una ocasión la Madre Teresa—; ya no tengo derecho a brindar ese afecto a alguien que no sea Dios.»

Las Misioneras de la Caridad que han contribuido a este libro con su testimonio compartieron algunas de las experiencias de su vocación por dedicarse a este tipo de vida y votos. Una de ellas declaró: «Solía leer cosas sobre la Madre Teresa y su trabajo, mi fe era muy profunda y creía en las palabras de la Biblia: "Lo que hagas al menor de mis hermanos, me lo estarás haciendo a Mí." De niña pensaba que mi vida debía ser así y cuando me hice mayor comprendí que ése era el camino que me iba a permitir rendir un mayor servicio a Jesús. Fue una vocación clara e inmediata, porque sabía que allí podría llevar a cabo ese trabajo para Cristo: dar cada momento de mi vida a los demás y ofrecérselo al Señor.» Otra de las hermanas afirma: «Todo lo que hago, lo hago por Jesús. De otro modo, no valdría la pena, sería inútil. Así pues, sabiendo que lo hago para Él, puedo hacerlo con más amor, más compasión hacia las personas que sufren. Saber que lo estoy haciendo por Él da un gran sentido a mi vida, y día tras día ese sentido se acrecienta.»

En la constitución de las Misioneras de la Caridad, este compromiso con Cristo es denominado «un vínculo de amor mil veces más fuerte que el de la carne y la sangre». De modo que, en esta unidad y a través de dicho vínculo, la Madre Teresa y las Misioneras de la Caridad rezan, aman, trabajan y participan en su comunidad. Y a partir de ese vínculo de profundo amor van siguiendo los pasos del camino sencillo en la pobreza, para conseguir aliviar a los que sufren. Cristo no solamente amó en este mundo, sino que demostró su amor mediante su sufrimiento en la cruz. El *modus operandi* de la Madre Teresa consiste en aliviar ese sufrimiento en cuanto lo descubre en los ojos de todos los que son pobres y sufren. En los crucifijos que presiden las paredes de las capillas de las Misioneras de la Caridad por todo el mundo pueden leerse las palabras «Tengo sed», que Cristo pronunció antes de morir y que recuerdan a todas las misioneras el compromiso que entraña todo lo que hacen. «Nuestro propósito es mitigar la sed infinita de Jesucristo en la cruz por el amor de las almas. Nosotras servimos a Jesús entre los pobres, lo cuidamos, lo alimentamos, lo vestimos y lo visitamos.» (Extracto de la Constitución.)

La definición de pobreza es muy amplia en los términos en que la expone la Madre Teresa. Ella define «el menor de mis hermanos» como:

> Los hambrientos y los solitarios, necesitados no sólo de comida sino también de la palabra de Dios; los sedientos y los ignorantes, necesitados no solamente de agua sino también de conocimientos, paz, verdad, justicia y amor; los que están desnudos y los que no son amados, necesitados no solamente de ropa sino también de dignidad humana; los no deseados; los niños no nacidos; los que son víctimas de la discriminación racial; los indigentes y los que son abandonados, necesitados no sólo de un techo fabricado con ladrillos, sino también de un corazón comprensivo, capaz de

arropar y amar; los pobres que agonizan y los presos, no sólo de cuerpo sino también de mente y espíritu: en definitiva, aquellos que han perdido toda esperanza y fe en la vida; los alcohólicos y drogodependientes y todos los que han perdido a Dios (para ellos Dios *fue*, pero Dios *es*), así como cualquier esperanza en el poder del Espíritu Santo.

Un sacerdote voluntario que en una ocasión ayudó a las hermanas en Calcuta dijo de los pobres: «Ellos no tienen nada que demostrar o proteger, ninguna actitud ante las personas o ante Dios. Cuando todo lo que se posee es lo que se tiene, no queda más remedio que ser uno mismo y estar en disposición de recibir. Y ésa, en cierto sentido, es la razón por la que los pobres son benditos, porque saben lo que importa realmente.»

Para servir a los pobres, para hacerlos capaces de recibir, es esencial desprenderse de parte de uno mismo. La Madre Teresa explica la necesidad de pobreza en su vida como una condición para su trabajo. «¿Cómo podríamos conocer realmente a los pobres si no viviéramos como ellos? —se pregunta—. Si se quejan de la comida, podemos decirles que nosotros comemos lo mismo. Cuanto más poseemos, menos podemos dar. La pobreza es un regalo maravilloso porque nos da libertad, significa que son menos los obstáculos que nos separan de Dios.» Por eso, cuando se ofrece hospitalidad a las Misioneras de la Caridad, ellas la rechazan. «A las pobres de las chabolas y de los barrios bajos raras veces les es ofrecido nada, de modo que, por respeto y simpatía hacia ellos, nosotros siempre preferimos no aceptarla.»[4]

Al igual que es necesario un determinado estado de pobreza para amar y servir, también lo es el «hacer pequeñas cosas con mucho amor. Es sencillo, pero no resulta fácil», afirma la Madre Teresa, y prosigue con la explicación del sufrimiento que suele acompañar a esas obras. Hay cinco tipos de sufrimiento: físico, mental, emocional, financiero y espiritual, y cualquiera de ellos o todos a la vez se producen en algún momento, tanto si uno es el sufridor receptor de amor como el donante de amor al que sufre. Todo sufrimiento es percibido como un sacrificio. La Madre Teresa utiliza frases como: «Ama hasta que te duela» y «Si te duele, es la mejor señal». Ella cree que comprendiendo y aceptando el dolor voluntariamente, uno es capaz de

4. E. Egan, *Such a Vision of the Street,* Londres, 1985.

percibir su valor intrínseco. Esta idea se halla en conexión con la redención gracias al sufrimiento de Cristo.

> Jesús quería ayudarnos compartiendo nuestra vida, nuestra soledad, nuestra agonía y nuestra muerte. Solamente uniéndose a nosotros nos redimió. Nosotros tenemos la oportunidad de hacer lo mismo: toda la desolación de la gente pobre, no solamente su indigencia material, sino también su pobreza espiritual, deben ser redimidas y nosotros debemos compartirlas, pues únicamente siendo como ellos podemos redimirlos, es decir, introduciendo a Dios en sus vidas y llevándolos hasta Dios.[5]

Compartir ese sufrimiento, esa pobreza, a través de actos de amor y generosidad, constituye la base de la tarea misionera de las Misioneras de la Caridad. «Sin nuestro sufrimiento, nuestra tarea no diferiría de la asistencia social.»[6] Aceptar y compartir

5. M. Muggeridge, *Something Beautiful for God,* Londres, 1971).
6. E. Egan, *Such a Vision of the Street,* Londres, 1985.

el sufrimiento, pero no de un modo estoico y resignado, sino con espíritu alegre y una felicidad que llena el trabajo de estas hermanas y hermanos. «¿De qué sirve quejarse? —dice la Madre Teresa—. Si uno acepta el sufrimiento y lo ofrece a Dios, eso le proporcionará alegría. El sufrimiento es un gran regalo del Señor; los que lo aceptan voluntariamente, los que aman profundamente, los que se ofrecen a sí mismos conocen su valor.»[7]

La Madre Teresa nos invita a conocer la pobreza y el sufrimiento y a experimentar la felicidad y la alegría que proporciona el hecho de dar y recibir, no solamente a través de la lectura de este libro, sino también viviendo y compartiendo el trabajo. A través de la experiencia del contacto con ella todos podemos conocer la verdad de sus palabras y las palabras de otros que han recorrido esa vía; ese contacto puede tener lugar a lo largo de cualquiera de los seis pasos mencionados. Es un contacto de intimidad, de fe, de creencia, del corazón y de la gracia, y se sustenta en los frutos que nos brinda; esos frutos que la Madre Teresa ha recogido una y otra vez, y no hay más que decir que lo que ella explica en este libro. A través de sus palabras y de su trabajo

7. E. Le Joly, *We Do It For Jesus*, Londres, 1977.

podemos conocer esos frutos por nosotros mismos, podemos conseguir algo extraordinario haciendo algo ordinario con amor, «un día tras otro», como aconseja la Madre Teresa.

Este libro explica con detalle esos pasos en la tarea de cuidarnos unos a otros como a nosotros mismos, y constituye un recordatorio de las palabras del Evangelio: «No me elegisteis vosotros a Mí; sino que Yo soy el que os ha elegido a vosotros, y destinado para que vayáis, y deis fruto, y vuestro fruto sea duradero.» (Juan 15 v. 16.)

1995.

LUCINDA VARDEY

Antes de abordar la lectura

Un admirador indio de la Madre Teresa, un hombre de negocios, le imprimió una vez cinco líneas (las que aparecen en la página 47) en unas tarjetitas amarillas. Ella las llama sus «tarjetas de visita» y las ofrece gratuitamente a la gente porque explican con meridiana claridad la orientación de su trabajo, su camino sencillo. Un camino que ha sido concretado por ella a partir de su larga experiencia de trabajo con sus semejantes, por el amor de Dios. Se compone de seis pasos esenciales: silencio, oración, fe, amor, servicio y paz. Familiarizarse con uno de ellos lleva de forma natural hasta el otro. Si uno se entrega con naturalidad a este proceso, la vida discurrirá inevitablemente con mayor armonía, más alegre y pacífica.

A lo largo de los años, hombres y mujeres se han sentido impulsados a colaborar con el trabajo de la Madre Teresa. Han hecho los votos de pobreza, castidad, obediencia y servicio sincero y desinteresado a los más pobres entre los pobres, y se han sometido a un largo proceso de formación para convertirse en miembros de pleno derecho de la congregación de los Misioneros de la Caridad. Esta congregación fue fundada por la Madre Teresa, y sus miembros fueron formados y apoyados en todo momento por ella. Así pues, el trabajo y las actitudes de las monjas y monjes que hablan en este libro se hallan imbuidos de la filosofía de la sencillez de la Madre Teresa.

Esta fuerza cautivadora, que se despliega en círculos cada vez más grandes, puede descubrirse también en las experiencias de los voluntarios que han ayudado a los Misioneros de la Caridad por todo el mundo. Trabajando junto a las hermanas y hermanos, también ellos se han impregnado de la visión de la vida de la Madre Teresa. Viven de acuerdo con ella y, en muchos casos, la han adaptado a las condiciones específicas de Occidente. En consecuencia, sus testimonios resultan también valiosos y constituyen una fuente de inspiración y ejemplaridad.

Contemplando y practicando algunas de las muchas ideas que aporta este libro, también nosotros podemos descubrir los beneficios de este camino sencillo, y para ello no hemos de ser necesariamente católicos o personas muy religiosas. Son numerosas las estrategias prácticas recogidas en las siguientes páginas que podemos intentar por nuestra cuenta en nuestras propias comunidades. Si no nos sentimos familiarizados con el silencio o con la oración y no estamos seguros de que creer mucho en algo, la Madre Teresa sugiere que intentemos ofrecer a los demás pequeñas obras de amor y nos daremos cuenta de que nuestro corazón se abre. Lo importante es que, después de haberlo leído, deberíamos *hacer* algo, lo que sea, y mediante ese acto de amor, y otros, nos veremos enriquecidos.

El fruto del silencio es la oración
El fruto de la oración es la fe
El fruto de la fe es el amor
El fruto del amor es el servicio
El fruto del servicio es la paz

El fruto del silencio es la oración

Todos debemos dedicar tiempo al silencio y a la contemplación, especialmente los que viven en ciudades grandes como Londres y Nueva York, donde todo ocurre tan de prisa. Ésa es la razón por la que decidí abrir nuestro primer hogar para hermanas contemplativas (cuya vocación es rezar durante la mayor parte del día) en Nueva York y no en el Himalaya, porque me pareció que el silencio y la contemplación eran más necesarios en las ciudades del mundo.

Siempre empiezo a rezar en silencio, porque es en el silencio del corazón donde habla Dios. Dios es amigo del silencio: necesitamos escuchar a Dios porque lo que importa no es lo que nosotros le decimos sino lo que Él nos dice y nos transmite. La oración alimenta el alma: como la sangre para el cuerpo, así es la oración para el alma, y nos acerca a Dios. También nos da un corazón más limpio y puro. Un corazón limpio puede hablar con Dios y ver el amor de Dios en los otros. Cuando tienes un corazón limpio, quiere decir que eres sincero y honesto con Dios, que no le ocultas nada, y eso le permite tomar lo que Él quiere de ti.

Si buscas a Dios y no sabes por dónde empezar, aprende a rezar y tómate la molestia de rezar todos los días. Se puede rezar en cualquier momento, en cualquier parte. No hace falta estar en una capilla o iglesia. Se puede rezar en el trabajo: el trabajo no tiene que impedir la oración, como la oración no tiene que impedir el trabajo. También se puede pedir ayuda a un sacerdote o pastor, o intentar hablar directamente con Dios. Limítate a hablarle. Díselo todo a Él. Él es nuestro padre, Él es el padre de todos nosotros, sea cual sea nuestra religión. Todos hemos sido creados por Dios, somos sus hijos. Debemos poner nuestra confianza en Él y amarlo, creer en Él, trabajar para Él, confiar en Él. Y, si rezamos, conseguiremos todas las respuestas que necesitamos.

Sin oración, yo no podría trabajar ni siquiera media hora. Dios me da fuerzas a través de la oración, algo que entienden todas las hermanas, incluida la hermana Dolores, que lleva veinticinco años en nuestra congregación y ahora dirige el Nirmal Hriday, el hogar para moribundos e indigentes de Calcuta.

Todas las mañanas, cuando se despiertan, las hermanas saben lo que tendrán que soportar una vez más, y a veces se hace muy difícil. La oración nos da fuerza, nos sostiene, nos ayuda y nos proporciona toda la alegría para realizar la tarea necesaria. Empezamos el día con las oraciones y la misa y lo terminamos con una hora de adoración a Jesús. Para actuar de continuo y dar de continuo se necesitan las gracias de Dios: sin ellas, nos sería imposible vivir.

También la hermana Charmaine José, responsable del hogar infantil Shishu Bhavan de Calcuta, dice:

> No sé cómo podríamos soportar este calor y este trabajo tan intenso sin rezar, pero como todo el trabajo que hacemos es para Él, somos felices.

La hermana Kateri, superiora de nuestro hogar en el Bronx de Nueva York, lo explica basándose en su propia experiencia:

> Lo más importante que puede hacer un ser humano es rezar, porque hemos sido creados por Dios y nuestro corazón está inquieto hasta que descansamos con Él. Y es en la oración cuando establecemos contacto con Dios. Hemos sido creados para el Cielo y no llegare-

mos a él si no rezamos de *alguna* manera. La oración no tiene que hacerse necesariamente de una manera formal.

Yo solía compartirla con los hombres en la cárcel que frecuentaba. Les ponía un ejemplo: si tuviérais que emprender un viaje, ¿qué necesitaríais? Y los hombres decían: «Un coche y gasolina.» (Hubo uno que dijo: «¡Música!») Fue un momento muy gracioso, porque decidimos que la oración era la gasolina, el coche era nuestra vida, el viaje era hacia el Cielo, se necesitaba un mapa, saber hacia dónde íbamos, etc. Creo de verdad que la gasolina de nuestra vida es la oración y que sin ella no llegaremos a nuestro destino y no conseguiremos realizarnos.

Cómo rezar: un simple contacto con Dios

Empieza y acaba el día con una oración. Acércate a Dios como un niño. Si te parece difícil rezar, puedes decir: «Ven, Espíritu Santo, guíame, protégeme, libera mi pensamiento para que pueda rezar.» O, si rezas a María, puedes decir: «María, Madre de Dios, acéptame ahora como Madre y ayúdame a rezar.»

Cuando reces, da gracias a Dios por todos sus dones porque todo es de Dios y un don que Él nos concede. Tu alma es un don de Dios. Si eres cristiano, puedes decir la plegaria del Señor; si eres católico, el padrenuestro, la salve, el rosario, el credo: todas las oraciones habituales. Si tú o tu familia tenéis unas devociones propias, rezad según ellas.

Si confías en el Señor y en el poder de la oración podrás superar todos los sentimientos de duda, temor y soledad que suelen sentir las personas.

Si algo te remuerde la conciencia, puedes ir a confesarte si eres católico y salir totalmente limpio, porque Dios lo perdona todo a través del sacerdote. La confesión es un maravilloso don de Dios al que podemos acercarnos manchados de pecado y salir totalmente purificados. Sin embargo, tanto si vas a la confesión como si no, tanto si eres católico como de otra religión, debes aprender al menos a pedir perdón a Dios.

Todas las noches antes de acostarte debes hacer un examen de conciencia. (¡No sabes si estarás vivo a la mañana siguiente!) Si algo te preocupa, o si has hecho algo malo, debes remediarlo. Por ejemplo, si has robado algo, intenta devolverlo. Si has herido a alguien, intenta disculparte directamente. Si no puedes hacerlo, al menos discúlpate con Dios diciendo: «Lo siento mucho.» Es importante hacerlo porque del mismo modo que hacemos actos de amor, también debemos hacer actos de contrición. Puedes decir: «Señor, siento haberte ofendido y prometo intentar no volver a ofenderte», o algo así. Es muy agradable estar libre de cargas, tener un corazón limpio. Recuerda que Dios es misericordioso, Él es el Padre misericordioso de todos nosotros. Nosotros somos sus hijos y Él nos perdonará y olvidará si nosotros nos acordamos de Él.

Pero primero examina tu corazón para ver si queda todavía en él alguna necesidad de perdón a los demás, porque ¿cómo podemos pedir perdón a Dios si no podemos perdonar a los demás? Recuerda que, si te arrepientes de verdad, si lo deseas fervientemente con un corazón limpio, serás absuelto a los ojos de Dios. Él te perdonará si te confiesas con sinceridad. Reza, pues, para poder perdonar a aquellos que te han herido o que no te gustan, y perdónalos como tú has sido perdonado.

También puedes rezar por el trabajo de otros y ayudarlos. Por ejemplo, en nuestra comunidad, hay ayudantes pasivas que ofrecen sus oraciones por una hermana que necesita las fuerzas para llevar a cabo su trabajo activo. Y también están las hermanas y hermanos contemplativos que rezan por nosotras todo el tiempo.

Conocemos muchas experiencias sobre el poder de la oración y la respuesta que Dios nos da siempre. Un sacerdote, el padre Bert White, hizo una visita a Calcuta porque estaba interesado en nuestro trabajo. Llegó en el momento justo:

> Iba de viaje para ver el trabajo de la Madre Teresa y de las Misioneras de la Caridad y decidí asistir a misa en la Casa Madre. Al llegar a la puerta, una hermana me saludó y me dijo: «Gracias a Dios que ha llegado; padre, entre.» Yo dije: «¿Cómo sabe que soy sacerdote?», pues no llevaba sotana, y ella me respondió: «Como el padre que suele decir la misa no podía venir, le hemos pedido a Dios que nos enviara otro.»

Haga de su familia una familia de amor

Es necesario orar por los niños y en familia. El amor empieza en el hogar y por esta razón es importante orar juntos. Si la familia reza unida permanecerá unida y sus miembros se amarán unos a otros como Dios nos ama a cada uno de nosotros. Sea cual sea nuestra religión, debemos rezar juntos.

Los niños deben aprender a rezar y los padres deben rezar con ellos. Si no se hace así, será muy difícil recibir la bendición de Dios, seguir adelante, fortalecer nuestra fe.

La hermana Theresina, superiora regional de las Islas Británicas e Irlanda, comparte su experiencia al respecto:

> Es en la familia donde el niño debe adquirir la primera formación espiritual, que deberá nutrirse y crecer dentro de ella. Ahora no ocurre así. La mayoría de los padres que establecen contacto con nosotras han perdido la fe y, por tanto, han perdido todo tipo de dependencia de Dios. Se ven privados de todos los dones que Dios puede darles para educar a sus hijos adecuadamente; se ven privados de la sabiduría y el discernimiento para guiar a sus hijos cuando es necesario. Muchos padres me dicen: «Lo siento, no puedo dominar a mis hijos, son incontrolables.»

Hay tanto sufrimiento en las familias actualmente que es importante rezar, y es importante perdonar. La gente me pregunta qué consejo daría yo a una pareja casada con problemas en su relación.

Siempre respondo: «Rezad y perdonad»; y a los jóvenes que proceden de familias violentas: «Rezad y perdonad»; y a la madre soltera sin apoyo familiar: «Reza y perdona.» Puedes decir: «Dios mío, te quiero. Dios mío, perdóname. Dios mío, creo en Ti. Dios mío, confío en Ti. Ayúdanos a amarnos los unos a los otros como Tú nos amas.»

Rezamos a la Sagrada Familia (María, José y Jesús) por nuestra familia. Decimos:

Padre celestial, Tú que nos has dado un modelo de vida en la Sagrada Familia de Nazaret, ayúdanos, Padre amantísimo, a hacer de nuestra familia otro Nazaret donde reinen el amor, la paz y la alegría.
Haz que sea profundamente contemplativa, intensamente eucarística y vibrante de alegría.
Ayúdanos a permanecer juntos en la alegría y en el dolor a través de nuestras oraciones en familia.
Enséñanos a ver a Jesús en los miembros de nuestra familia, especialmente en horas de aflicción.
Haz que el corazón eucarístico de Jesús conceda a nuestros corazones su docilidad y humildad.

Y ayúdanos a llevar a cabo nuestras obligaciones familiares con santidad.
Haz que nos amemos los unos a los otros un poco más cada día como Dios nos ama a nosotros.
Y que nos perdonemos unos a otros como Tú perdonas nuestros pecados.
Ayúdanos, Padre amantísimo, a tomar aquello que nos das y a dar lo que Tú nos tomas con una sonrisa.
Corazón inmaculado de María, causa de nuestra alegría, ruega por nosotros.
San José, ruega por nosotros.
Santo Ángel de la Guarda permanece con nosotros, guíanos y protégenos.
Amén.

Dios es amigo del silencio

Todos necesitamos tiempo para estar en silencio, para reflexionar y orar. Mucha gente me comenta lo difícil que les resulta encontrar el silencio en su ajetreada vida. Primero la hermana Theresina, y luego la hermana Kateri, nos ofrecen comentarios y consejos sobre el tema:

Por lo que he podido ver, en la vida moderna hay demasiado ruido y, por eso, mucha gente tiene miedo del silencio. Como Dios sólo habla en el silencio, el ruido es un gran problema para los que buscan a Dios. Muchos jóvenes, por ejemplo, no saben reflexionar y actúan simplemente de manera instintiva.

En las ciudades actuales hay mucho caos y violencia física, mucha rabia, frustración y gritos, exactamente lo contrario de la tranquilidad del campo o el sonido de una cascada. La gente intenta llenar el vacío que siente con la comida, la radio, la televisión y realizando actividades al aire libre. Pero este vacío sólo puede llenarse con lo espiritual, con Dios. Si concedemos tiempo a Dios para que entre en nuestro ámbito, nuestra sed se verá satisfecha con más facilidad si estamos con Él en la oración. A partir de aquí podemos fortalecer nuestra relación con Dios y nuestra vida espiritual. Pero es difícil orar plenamente en nuestra sociedad, que nos aturde con tantas distracciones.

Como hermana de las Misioneras de la Caridad, no tengo muchas oportunidades de estar sola. Elegir una vida de pobreza suele llevar consigo una falta de intimidad: no tenemos habitaciones privadas para rezar y contemplar en solitario. Sin embargo, una vez tuve la oportunidad de estar sola durante un día y, en realidad, lo que más deseaba hacer era leer: me encantan los libros y normalmente estoy tan ocupada que me olvido de leer, aunque me gusta de verdad. El libro que encontré, que fue un regalo de Dios porque era exactamente el que necesitaba leer, era una recopilación de escritos de santa Catalina de Siena. Ella se había encontrado con el mismo dilema en la Italia del siglo XIV: intentar rezar y estar en silencio en una casa donde vivían veinticinco niños. Escribió que cada uno de nosotros necesita encontrar una «celda» dentro de sí mismo para retirarse a rezar y estar con Dios. Su idea era que, como la mayoría de nosotros no podemos irnos a la montaña para ser ermitaños en una cueva, debemos descubrir este lugar especial dentro de nosotros. Creo que podemos y debemos hacer lo que nos aconseja. Entre todas las demás obligaciones de la vida, necesitamos aprender a orar y a encontrar un ambiente de silencio, aunque sea en una casa o una ciudad bulliciosa.

Cuando visitaba con regularidad semanal la cárcel local, encontré muchas personas que tenían hambre y sed de un lugar silencioso como éste. Normalmente pasábamos el tiempo rezando juntos y era una maravilla ver cómo aquellos hombres curtidos —muchos de ellos criminales que llevaban una vida dura y difícil— bajaban la cabeza como niños y oraban sinceramente. Yo sabía que en cuanto se introdujeran en algún tipo de silencio, encontrarían un estado de paz.

Y la hermana Dolores nos ofrece este consejo:

Si todo el mundo dedicara cinco o diez minutos diarios a pensar, sería de gran ayuda para ocuparnos todos del trabajo de Dios, porque necesitamos reflexión, necesitamos pedir a Dios su bendición diaria y tenerlo en nuestra vida para poder ofrecerlo a otros. La presencia de Dios da sentido a nuestra vida, lo vuelve todo útil y fructífero. La ausencia de Dios suele acompañar las cosas menos perfectas de nuestro mundo.

Iguales ante Dios

Hay un solo Dios y Él es el Dios de todos, por lo que es importante que todos nos consideremos iguales ante Él. Siempre he dicho que nuestra misión es ayudar a un hindú a ser mejor hindú, a un musulmán a ser mejor musulmán, a un católico a ser mejor católico. El hermano Vinod, que dirige el Centro para pacientes leprosos en Titagarth, Calcuta (Gandhiji Prem Nivas), ha comprendido que no intentamos predicar la religión, sino mostrar nuestra fe a través de nuestros actos y dedicación, como hace la hermana Theresina en Londres:

> Creemos que nuestro trabajo debería ser un ejemplo para los demás. Tenemos entre nosotros 475 almas: treinta familias son católicas y el resto son hindúes, musulmanes y sikhs, todos de religiones diferentes. Sin embargo asisten juntas a nuestras plegarias. A las siete de la mañana se reúne todo el mundo durante treinta minutos. Y leemos textos de la Biblia y otras escrituras. A veces un paciente ofrece una pequeña oración.

Nunca he tenido ningún problema para rezar con gente de distinta religión. Lo que he encontrado es que la gente tiene sed de Dios y, tanto si son cristianos como musulmanes, los invitamos a orar con nosotros. En nuestras misiones de España y Francia hay un alto porcentaje de musulmanes que quieren rezar, por lo que nuestro objetivo principal es animarlos a ello, a tener una relación con Dios como sea, porque, cuando se consigue, todo lo demás viene solo.

Rezar todos los días

Intenta sentir la necesidad de rezar a menudo durante el día y acuérdate de hacerlo. La oración agranda el corazón para que pueda contener el don que Dios nos hace de Sí mismo. Pide y busca, y tu corazón crecerá lo suficiente para recibir y conservar a Dios como algo tuyo.

Las oraciones que siguen son las que decimos todos los días a partir de nuestro libro de oraciones. Confío que te puedan ser útiles, tanto si no sabes ninguna oración como si quieres aprender alguna más. Si no eres cristiano, puedes sustituir a «Jesús» por «Dios».

Convirtámonos en ramas verdaderas y fructíferas de la viña de Jesús, recibiéndole en nuestra vida como Él quiera mostrarse:
como la Verdad - para ser dicha;
como la Vida - para ser vivida;
como la Luz - para ser iluminada;
como el Amor - para ser amado;
como el Camino - para ser andado;
como la Alegría - para ser dada;
como la Paz - para ser extendida;
como el Sacrificio - para ser ofrecido,
en nuestras familias y en nuestro barrio.

Dios mío, creemos que estás aquí;
Te adoramos y te amamos con toda nuestra alma y corazón porque eres el más digno de todo nuestro amor.
Deseamos amarte como te aman los bienaventurados en el Cielo.
Adoramos todos los designios de tu divina Providencia, y nos sometemos enteramente a tu voluntad.
También amamos a nuestro vecino a través de Ti, como nos amamos a nosotros mismos.
Perdonamos sinceramente a todos los que nos han herido, y pedimos perdón a todos los que hemos ofendido.
Querido Jesús, ayúdanos a esparcir tu fragancia por donde quiera que vayamos.
Llena nuestra alma de tu espíritu y vida.
Penetra y posee todo nuestro ser profundamente.
Que nuestra vida pueda ser un resplandor de la tuya.
Resplandece a través de nosotros, y permanece en nosotros para que toda alma que encontremos pueda sentir tu presencia en nuestra alma.

Haz que alcen la vista y dejen de vernos a nosotros, para verte a Ti.
Quédate con nosotros, y así empezaremos a resplandecer como Tú resplandeces;
Resplandecer para ser una luz para los demás;
La luz, Jesús, vendrá toda de Ti, no será nuestra;
Será tuya y resplandecerá en otros a través de nosotros.
Déjanos adorarte del modo que más te gusta resplandeciendo entre los que nos rodean.
Déjanos predicar sin sermones, no mediante palabras sino con nuestro ejemplo,
Por la fuerza contagiosa, la influencia natural de lo que hacemos,
La plenitud evidente del amor que nuestro corazón siente por Ti.
Amén.

Líbrame, Jesús mío,
Del deseo de ser amada,
Del deseo de ser alabada,
Del deseo de ser honrada,
Del deseo de ser venerada,
Del deseo de ser preferida,
Del deseo de ser consultada,
Del deseo de ser aprobada,
Del deseo de ser popular,
Del temor de ser humillada,
Del temor de ser despreciada,
Del temor de sufrir rechazos,
Del temor de ser calumniada,
Del temor de ser olvidada,
Del temor de ser ofendida,
Del temor de ser ridiculizada,
Del temor de ser acusada.

El fruto de la oración es la fe

Dios está en todo y en todas partes y sin Él no podemos existir. Jamás he dudado ni un instante de la existencia de Dios, pero conozco a personas que dudan. Si no crees en Dios, no puedes ayudar a los demás con tus actos de amor, y el fruto de esos actos es la gracia que concede al alma. Poco a poco el alma se eleva y se desea la alegría de amar a Dios.

Hay muchas religiones y cada una de ellas tiene diferentes maneras de seguir a Dios. Yo sigo a Cristo:

Jesús es mi Dios,
Jesús es mi Esposo,
Jesús es mi Vida,
Jesús es mi único Amor,
Jesús es todo mi ser,
Jesús es mi todo.

Por eso nunca tengo miedo. Hago mi trabajo con Jesús, lo hago por Jesús, lo hago para Jesús y por tanto los resultados son de Él, no míos. Si necesitas un guía, sólo tienes que mirar a Jesús. Tienes que rendirte a Él y confiar en Él plenamente. Si lo haces, todas tus dudas quedarán despejadas y te sentirás lleno de convicción. Jesús dijo: «Si no sois como niños no entraréis en el reino de los cielos.»

La hermana Theresina lo explica así:

> Trabajamos para el Reino de Dios, hemos dedicado nuestra vida a su Reino y sin duda es Él quien nos guía, nos encamina y vela por nosotros. Por ejemplo, nosotras nunca perdemos de vista la providencia de Dios, y por eso no intentamos proveernos de las cosas que necesitamos; intentamos salir adelante con lo que nos llega como nos llega. Creo que de este modo seguiremos recibiendo las bendiciones de Dios, especialmente si no derrochamos y no nos dejamos atrapar por la ilusión del futuro en lugar de vivir el momento presente. Debemos ser flexibles: cuando Dios decide que es el momento, las cosas son fáciles y, cuando no, son difíciles. Debemos escuchar con atención la invitación que Dios nos ofrece como sea que se manifieste.

Aquí, la hermana Kateri describe lo que se siente cuando se confía la vida a Dios:

Confiar realmente en la providencia de Dios da una verdadera libertad. Intentamos vivir el presente y no preocuparnos por el mañana, aunque sin duda hacer planes forma parte de nuestra responsabilidad. Algunos planifican el año por adelantado, nosotros no. Y a veces, cuando a nadie se le ocurriría hacer algo porque no estaba planeado de antemano, nosotros nos lanzamos a ello sin pensarlo más. Nuestra idea es que al menos debemos intentarlo..., ¡y funciona tantas veces!

Deja que Jesús te use sin consultarte. Nosotras dejamos que Él tome lo que quiera de nosotras, tomamos lo que Él nos ofrece y ofrecemos lo que nos ha dado con una sonrisa. Acepta los dones de Dios y muéstrate profundamente agradecido. Si Él te ha dado grandes riquezas, úsalas, intenta compartirlas con los demás, con los que no tienen nada. Comparte siempre con los demás porque quizá un poco de tu ayuda les permita salvarse de la miseria. Y no tengas más de lo que necesitas, con eso basta. Acepta lo que te sea dado.

Las hermanas de Nueva York han contado con una ayuda extraordinaria durante muchos años por parte de un dentista llamado Mark. Una vez nos contó la siguiente anécdota, que ilustra mi tesis sobre la aceptación:

> Yo confío en que las cosas son perfectas tal como son: los problemas son del modo que yo los observo. Recuerdo que una vez hablaba con una de mis hermanas: mi esposa estaba en estado y el embarazo era difícil y llevaba mal camino. Lo primero que se me ocurrió fue rezar para que el niño viviera. Pero entonces me di cuenta de que me equivocaba de plegaria: tenía que pedirle a Dios la fuerza necesaria para aceptar sus designios sobre nosotros.

Como Misioneras de la Caridad, nuestra misión es ayudar a los más pobres entre los pobres en la forma que presenten, que es siempre la de Cristo en sus horas de aflicción. No aceptamos ni una sola rupia por el trabajo que hacemos, porque lo hacemos para Jesús. Él vela por nosotros. Si Él quiere que hagamos algo, nos ofrece los medios. Si no nos los ofrece, quiere decir que no quiere que el trabajo se lleve a cabo.

Esto es igual para todas las órdenes y congregaciones tanto si son Misioneras de la Caridad como si no, a tenor de lo que escribe el padre Bert White:

Creo que si uno se centra en el dinero y en la posesión de propiedades, entra en el mundo material, va siempre en busca de lo grande, lo alto y lo mejor; sólo puede pensar en eso y la fe se va volando por la ventana. Se debe tener fe y confianza en la realidad de Dios: confiar en que las cosas funcionarán.

No hay dos mundos —el físico y el espiritual—, sino uno sólo: el Reino de Dios en la tierra como en el Cielo. Muchos de nosotros rezamos: «Padre nuestro que estás en los Cielos», pensando que Dios está allí arriba, que crea la dualidad de los dos mundos. Mucha gente en Occidente querría mantener cómodamente separados la materia y el espíritu. Toda verdad es una, toda realidad es una. En cuanto aceptamos la encarnación de Dios que, para los cristianos, está representada en la persona de Jesucristo, empezamos a tomar las cosas en serio.

La prueba de Dios

Somos capaces de hacer el bien y el mal. No se nace malo: todo el mundo tiene algo bueno dentro. Algunos lo ocultan, otros lo ignoran, pero existe. Dios nos creó para amar y ser amados, por lo que la prueba que Él nos pone es elegir un camino u otro. Una negligencia en el amor puede hacer que alguien diga que sí al mal y, cuando eso ocurre, no tenemos ni idea de hasta dónde puede llegar. Eso es lo triste. Cuando una persona elige el mal, se alza un obstáculo entre ella y Dios y le es imposible ver a Dios claramente. Por eso debemos evitar caer en cualquier tipo de tentación que pueda destruirnos. Mediante la oración conseguimos fuerzas para superarlas, porque si estamos cerca de Dios ofrecemos amor y alegría a todos los que nos rodean.

Si el mal se apodera de alguien, éste, a su vez, puede extenderlo a todas las personas que le rodean. Si estamos en contacto con personas así, debemos intentar ayudarlas para que se den cuenta de que Dios vela por ellos. Debemos rezar mucho para conseguir que la oración llegue a ellos y puedan ver una vez más a Dios en sí mismos y después en los demás. Eso es lo que puede ayudar a una persona mala porque todo el mundo, no importa quién sea, ha sido creado por la misma mano amantísima. El amor de Cristo es siempre más fuerte que el mal en el mundo, por lo que necesitamos amar y ser amados: es así de sencillo. No debería ser tan difícil conseguirlo.

DIOS TIENE EN GRAN ESTIMA LA VIDA

Los niños que aún no han nacido son los más pobres entre los pobres. ¡Están tan cerca de Dios!... Yo siempre suplico a los médicos de los hospitales de la India que no maten jamás a un niño. Si nadie lo quiere, me lo quedaré yo.

Veo a Dios en los ojos de todos los niños. Acogemos a cualquier niño no deseado y posteriormente le buscamos un hogar para que sea adoptado.

Todo el mundo se preocupa por los niños inocentes que mueren en las guerras y querríamos evitarlo. Pero ¿qué esperanzas hay de impedirlo si hay madres que matan a sus propios hijos? Dios tiene la vida en gran estima, sean cuales sean las circunstancias. En Isaías, capítulo 43, versículo 4, Dios nos dice: «Porque eres a mis ojos de muy gran estima, de gran precio, y te amo.»

En muchos centros de todo el mundo, enseñamos métodos naturales de planificación familiar a los pobres. Damos collares de cuentas a las mujeres para que puedan contar los días del ciclo menstrual.

Un marido y su esposa deben amarse y respetarse uno a otro para practicar el autocontrol durante los días fértiles. Como dice la madre Dolores, estas cosas debe decidirlas Dios:

> Como creemos que cada una de nosotras es única y de gran precio para Dios, sabemos que Él estará a nuestro lado toda la vida mientras hagamos nuestro trabajo. Él es el jefe y nos dice lo que debemos hacer. Todo es muy sencillo, aunque a veces lo dejamos de lado y pensamos que nosotros somos los responsables.

La Iglesia es nuestra familia

Dios no está separado de la Iglesia, porque Él está en todo y en todas partes y nosotros, hindúes, musulmanes o cristianos, somos sus hijos. Cuando nos reunimos en su nombre, nos da fuerza. La Iglesia nos ofrece sacerdotes, la misa y los sacramentos, necesarios para realizar nuestro trabajo en la vida cotidiana. Necesitamos la Eucaristía (Jesús en la Hostia, la Sagrada Comunión) porque si no recibimos a Jesús no podemos darnos a Él.

La Iglesia es nuestra familia y, como toda familia, debemos ser capaces de vivir juntos. Los obispos nos invitan constantemente a abrir nuevos hogares y a veces nos ayudan a encontrar las casas. No considero que ser católica y pertenecer a la Iglesia católica sea una limitación: simplemente necesitamos amarnos y entendernos unos a otros. Me preguntan muchas veces mi opinión sobre el papel de la Iglesia actual, sobre su futuro, sobre la función de la mujer en ella, y contesto siempre que no tengo tiempo para ocuparme de todos estos temas: estoy demasiado atareada con mi trabajo cotidiano. Estamos sirviendo a Cristo. En nuestra casa, Él es nuestro cabeza de familia y Él toma todas las decisiones. Para Cristo, la Iglesia es la misma ayer, hoy y mañana. Para Dios, todo es sencillo: el amor de Dios por nosotras es mayor que todos los conflictos, siempre pasajeros.

La fe es un don de Dios

El deseo de Dios es que nuestra fe crezca, como explica la hermana Theresina:

> Nuestra fe debe crecer y madurar. Hay gente que quizá haya realizado muchos estu-

> dios, pero su fe se encuentra todavía en el primer grado y no hallan sentido al mundo. Probablemente no han leído nunca las Escrituras, nunca han conocido a Dios, nunca han llegado a conocer la belleza de la persona que es Dios, y por eso lo miran con desconfianza. Para ellos, Él es como un juez, un padre estricto que no quiere que se diviertan.

Aquí, la hermana Kateri abunda en la naturaleza de la fe:

> Nuestra visión de la «fe» como católicos es que es una virtud sobrenatural que está infusa en el alma. Es como si esta virtud fuera un poder, una capacidad. Por ejemplo, si no tuviéramos piernas, no podríamos caminar. Si no tuviéramos ojos, no podríamos ver. Sin fe, no podríamos creer en cosas que son misterios y que superan nuestra capacidad de comprensión. No se pueden *entender* los misterios de la fe, pero se les debe hallar un sentido y, a medida que maduramos, necesitamos penetrar en los misterios de nuestra fe para comprenderlos mejor y hacerlos cada vez más creíbles.

La fe es un don de Dios y crece mediante la oración, como la esperanza y el amor, que son las tres virtudes principales de la vida interior.

Llevar una vida cristiana propicia el crecimiento de la fe. Muchos grandes santos han guiado nuestro camino, pero a mí me gustan los más sencillos, como santa Teresa de Lisieux, Teresita del Niño Jesús. Elegí su nombre para mí porque realizaba cosas ordinarias con un amor extraordinario.

Es bueno estudiar y leer las obras de los santos y hombres religiosos (uno de mis libros favoritos es *Semillas del desierto*, de Charles de Foucauld), pero muchas veces Dios nos enseña todo lo que debemos aprender a través de nuestros actos y nuestro trabajo, como lo explica la hermana Dolores:

> Intentamos dedicar un tiempo a la lectura espiritual: me encantan las obras de los santos, que han sido tan útiles, y todo lo que se refiera a nuestra Madre bendita, la Virgen María: es la mejor de las madres. Pero no tenemos mucho tiempo para sentarnos. Celebramos algunas festividades, como el día de San Francisco y Santa Teresa, y el 10 de septiembre, cuando Dios habló a la Madre en el

tren que iba a Darjeeling para decirle que sirviera a los más pobres entre los pobres. Pero en realidad no me hace falta leer muchos libros porque aprendo todo el tiempo de los demás. Los enfermos de sida con los que trabajé en Nueva York y Washington son los santos modernos, los nuevos santos de la Iglesia. Cada uno de ellos era un personaje real y, a medida que se acercaban a Jesús, sus últimos días, horas y momentos desprendían una belleza tan grande que para mí las suyas son las historias de los santos.

Es importante conocerse uno mismo como parte del crecimiento espiritual: conocerse y creer en uno mismo permite conocer y creer en Dios. San Agustín dijo: «Llenaos primero vosotros mismos: sólo así podréis dar a los demás.» El conocimiento de uno mismo produce humildad y el conocimiento de Dios produce amor, como lo describe la hermana Kateri:

> Cuando uno crece en la oración también crece en el conocimiento de sí mismo y, aunque no en maldad, sí ciertamente en maldad potencial. Eso le permite comprender real-

mente lo que dijo san Felipe Neri: «Aquí estoy, pero por la gracia de Dios.» Y, a medida que pasa el tiempo, es mucho más fácil aceptar las debilidades de los demás porque, en el fondo de cada uno hay al menos un potencial de maldad, porque todos somos humanos, todos tenemos la misma debilidad humana.

Los árboles del autoengaño y la autorrealización

El árbol del autoengaño

En las ramas: Vacío, Alienación, Apatía, Conflictos interpersonales, Delitos, Dependencia, Alcoholismo, Drogadicción.

En las raíces: Miedo, Inseguridad, Resentimiento, Celos, Desconfianza, Hostilidad, Culpabilidad, Lástima de uno mismo.

El árbol de la autorrealización

En las ramas: Determinación, Salud, Alegría, Automotivación, Satisfacción, Aceptación, Realización, Creatividad.

En las raíces: Caridad, Amistad, Perdón, Amor, Gratitud, Amabilidad, Calor, Confianza.

Voy camino del Cielo*

Todo lo decide Dios. Él decide cuándo vivimos y cuándo morimos. Debemos tener fe en Él y hacer el trabajo que Él nos ha adjudicado hasta que muramos, como lo explica la hermana Dolores:

> Cada día es una preparación para la muerte. Constatar eso sirve de ayuda porque significa que lo mismo que vive ahora un moribundo lo viviré yo mañana. Tenemos que aprender a vivir en unión con Él. La muerte no es más que volver a Él, al lugar donde Él está y al cual todos nosotros pertenecemos.

Cualquier persona tiene posibilidades de ir al Cielo. El Cielo es nuestra casa. La gente me pregunta sobre la muerte, si la espero con ilusión, y yo respondo: «Claro que sí», porque iré a mi casa. Mo-

* Escrito en el depósito de cadáveres de la casa para moribundos e indigentes de Calcuta.

rir no es el fin, es sólo el principio. La muerte es una continuación de la vida. Éste es el sentido de la vida eterna: es donde nuestra alma va hacia Dios, a estar en presencia de Dios, a ver a Dios, a hablar con Dios, a seguirlo amando con un amor mayor, porque en el Cielo le podremos amar con todo nuestro corazón y nuestra alma, puesto que en la muerte sólo abandonamos el cuerpo: nuestra alma y nuestro corazón viven para siempre.

Cuando morimos nos reunimos con Dios y con todos los que hemos conocido y partieron antes que nosotros: nuestra familia y amigos nos estarán esperando. El Cielo debe de ser un lugar muy bello.

Toda religión tiene una eternidad, otra vida. Los que tienen miedo de la muerte son los que creen que aquí se acaba todo. No he visto morir con temor a nadie que haya sido testigo del amor de Dios. Tienen que hacer las paces con Dios, como debemos hacer todos. Cada poco mueren personas súbitamente, puede ocurrirnos a nosotros en cualquier momento. Ayer ya se fue y mañana todavía no ha llegado, por lo que debemos vivir cada día como si fuera el último, para que cuando Dios nos llame estemos preparados y dispuestos a morir con el corazón limpio.

El fruto de la fe es el amor

La peor enfermedad que acecha hoy en día al mundo occidental no es la tuberculosis o la lepra; es el hecho de no ser deseado, de que nadie nos ame ni se preocupe por nosotros. Las enfermedades físicas pueden curarse con medicinas, pero el único remedio para la soledad y la desesperación es el amor. Hay muchas personas en el mundo que se mueren por un trozo de pan, pero hay muchas más que se mueren por un poco de amor. La pobreza en Occidente es de clase distinta; no se trata sólo de un problema de soledad, sino también de espiritualidad. Hay hambre de amor y también hambre de Dios.

Es imposible responder a esta necesidad a menos que podamos contar con la gracia de Dios para ayudarnos. La hermana Dolores, en primer lugar, y luego la hermana Kateri lo explican mejor:

> Primero debemos ser amados por Dios, y sólo entonces seremos capaces de dar a los demás. Para que sintamos el deseo de dar amor a los demás, debemos estar llenos de amor. Dios actúa de ese modo. Es Él quien nos mueve a hacer lo que hacemos, y si sentimos su amor por nosotros, entonces ese amor emanará de nuestro ser. Su amor no conoce fronteras.

Solamente existe un tipo de amor, y es el amor de Dios. Si amamos a Dios profundamente, amaremos a nuestro prójimo con igual intensidad, porque a medida que va creciendo nuestro amor por Dios, crece nuestro respeto por todo lo que Él ha creado y aprendemos a reconocer y apreciar todos los regalos que nos ha hecho. Entonces, naturalmente, nos volcamos en el cuidado de todos ellos.

Dios hizo el mundo para que lo disfrutaran los seres humanos. Si pudiéramos descubrir su bondad en todas las cosas, su preocupación por nosotros, su conciencia de nuestras necesidades, la llamada telefónica que estábamos esperando, el viaje en coche que nos ofrecen, la carta en nuestro buzón, simplemente esas pequeñas cosas que Él hace por nosotros a lo largo del día. Es de esperar que nos acordemos de agradecérselo y, al recordar y constatar su amor por nosotros, empecemos a enamorarnos de Él, al ver que Él se ocupa tanto de nosotros; sencillamente, no podremos resistirnos. Creo que en la vida no existe la suerte, todo es amor de Dios.

Una vez que comprendemos hasta qué punto Dios está enamorado de nosotros, ya sólo podemos vivir la vida irradiando ese amor. Yo siempre digo que el amor empieza en casa: primero la familia y luego nuestro pueblo o ciudad. Es fácil amar a personas que se encuentran lejos, pero no siempre resulta fácil amar a los que viven con nosotros o bien justo a la vuelta de la esquina. No estoy de acuerdo con eso de hacer las cosas a lo grande: el amor debe empezar por un solo individuo. Para poder amar a una persona se debe tomar contacto con ella, intimar. Todos necesitamos amor. Todos queremos saber que somos aceptados y que somos importantes para Dios.

Jesús dijo: «Amaos los unos a los otros como Yo os he amado»; y también dijo: «Lo que hagas a mi hermano menor me lo estarás haciendo a Mí»; así pues, le amamos en los pobres. También dijo: «Yo tenía hambre y me disteis de comer; estaba desnudo y vosotros me vestisteis.»

Siempre recuerdo a las hermanas y hermanos que nuestra jornada se compone de veinticuatro horas con Jesús. La hermana Theresina lo comenta con mayor detalle y luego el padre Bert White nos ofrece su punto de vista al respecto:

Nosotros somos contemplativos en el mundo y por ello nuestra vida está centrada en la plegaria y en la acción. Nuestro trabajo fluye de nuestra contemplación, de nuestra unión con Dios en todo lo que hacemos, y a través de nuestro trabajo (que nosotros llamamos apostolado) alimentamos nuestra unión con Dios de manera que la plegaria y la acción, la acción y la plegaria, se hallen en una interacción continua.

Gandhi dijo: «Actuad, pero no busquéis el fruto de vuestras acciones.» Nuestras acciones fluyen de quienes somos, ése es el fruto. Es algo así como estar enamorado, cuando el amor fluye sencillamente hacia la persona de la que estamos enamorados.

La oración siguiente es la que pronuncian los Misioneros de la Caridad antes de abandonar el hogar para dirigirse a realizar su apostolado. También se utiliza como Plegaria del Médico en el Sishu Bhavan, el hogar infantil de Calcuta:

Bien amado Señor, Gran Sanador,
me arrodillo ante Ti,

Pues todo don de perfección debe proceder de Ti.
Yo te rezo para que otorgues destreza a mis manos, visión clara a mi mente, generosidad y humildad a mi corazón.
Dame unidad de objetivos, fuerza para aliviar una parte de la carga de sufrimiento que soportan mis semejantes, y una realización verdadera del privilegio que me corresponde.
Borra de mi corazón el engaño y el espíritu mundano.
Haz que con la sencilla fe de un niño pueda confiar en Ti.

El calor de nuestras manos

El amor no consiste en amparar y la caridad no está hecha de compasión, está hecha de amor. La caridad y el amor son una misma cosa; haciendo caridad uno está dando amor; así pues, no nos limitemos a dar dinero y, en lugar de eso, tendamos nuestra mano al necesitado. Cuando me encontraba en Londres fui a visitar a los indigentes que acuden al comedor de beneficencia de nuestras hermanas. Un hombre, que vivía en una caja de cartón, me tomó la mano y me dijo: «Hacía mucho tiempo que no sentía el calor de una mano humana.»

Mary, una de nuestras voluntarias, tiene más ideas para llegar a las personas:

> He llegado a la conclusión de que la ayuda práctica puede, en realidad, llegar a humillar a las personas que la reciben a menos que esté animada por el amor. A nadie le gusta que tengan que ayudarle o que hagan cosas por él. También he comprobado que entablar contacto con esas personas es algo que se consigue por etapas, y me ha ayudado el hacerlo de una manera organizada, como ir a saludar a las hermanas en el comedor de beneficencia. En esas ocasiones, es mejor tratar de no implicarse demasiado en distribuir la comida y recoger los platos, y procurar en cambio entrar en conversación con alguien mientras estamos allí, o sentarnos al lado de alguien y tratar de mantener relación con él cara a cara. Muchas de las personas que acuden suelen llevar fotografías consigo, de forma que podemos pedirles que nos las muestren, o bien bromear sobre el peinado que llevan o cualquier cosa así.

Lo importante es encontrar algún punto de contacto, aunque solamente sea preguntarles si les ha gustado la comida. En lugar de quedarnos a un lado ayudando a limpiar la vajilla, podemos asegurarnos de ser nosotros los que recojamos las bandejas. Creo que si eso se nos hace difícil, probablemente es mejor ir haciéndolo gradualmente; si vemos a alguien de pie, deambulando o sentándose solo a comer, aprovechemos la oportunidad para acercarnos a él.

He aquí una historia distinta, narrada igualmente por Mary, que propone otra manera de entrar en contacto con las personas necesitadas:

Un grupo de nuestra congregación viajó a Albania hace un tiempo, y visitó a las hermanas que trabajan allí. Nos habían hablado de un hogar para niños discapacitados y decidimos hacerles una visita, pero fue un desastre absoluto. Al parecer, el centro había recibido montones de ayuda, pero cada vez que eso sucedía, llegaba la gente de la zona y se la apropiaba, pues también ellos necesitaban cosas. Lo que más me chocó fue que les estaba llegando cantidad de material y había muchos almacenes rebosantes de ayuda, pero ésta no estaba llegando a la gente. Por ello decidimos volver a visitarlos con una caja llena de manzanas y optamos por dar una a cada niño, porque sabíamos que si nos limitábamos a dejar la caja allí, probablemente las personas de los alrededores necesitarían también manzanas para sus hijos, y los del orfanato se quedarían sin ellas.

El amor no tiene sentido si no es compartido. El amor tiene que ser puesto en práctica. Debemos amar sin esperar nada a cambio, hacer las cosas por amor, no por lo que puedan aportarnos. Si esperamos algo a cambio, entonces no se trata de amor, porque el amor verdadero no pone condiciones ni alberga expectativas.

Si es necesario, Dios nos guiará, como nos guió a nosotras para servir a los enfermos de sida. Nosotras no juzgamos a esas personas, no les preguntamos qué les pasó ni cómo se contagiaron, simplemente vemos que nos necesitan y cuidamos de ellas. Pienso que Dios quiere decirnos algo con el sida; nos está ofreciendo la oportunidad de demostrar nuestro amor. Las personas que padecen sida han despertado la ternura y el amor en personas que quizá lo habían desechado y se habían olvidado de él por completo.

La hermana Dolores ilustra cómo a menudo basta con estar ahí demostrando amor:

> Al principio, los que acuden a nosotras con sida están muy asustados. Les resulta muy duro afrontar el hecho de que van a morir. Pero estar allí con nosotras y vernos con otras personas que viven sus últimas horas les hace cambiar de talante. Recuerdo que en Nueva York la madre de un hombre de Puerto Rico se ofreció a cuidarle si volvía a casa. Él se lo agradeció, pero manifestó su deseo de quedarse con nosotras, aunque prometió visitarla. Un día el hombre me dijo: «Sé que cuando me esté muriendo, estaréis ahí cogiéndome la mano», pues nos había visto hacerlo con otras personas en esa situación y sabía que no iba a morir solo.
>
> En realidad es bastante sencillo. Los moribundos se conmueven cuando reciben amor, y éste puede consistir en actos tan simples como estrecharles la mano, traerles un vaso de agua o conseguirles aquel dulce que desean. Basta con traerles lo que nos piden para que

se sientan satisfechos y sepan que hay alguien que se preocupa de ellos, que los quiere, y eso, por sí solo, les resulta de gran ayuda. A consecuencia de ello creen que Dios debe ser todavía más bondadoso, más generoso, y así sus almas se elevan al Señor. Como nosotras no predicamos, sino que nos limitamos a hacer las cosas con amor, ellos se sienten tocados por la gracia de Dios.

El hermano Geoff, servidor general de los hermanos Misioneros de la Caridad, comenta también su punto de vista la mejor manera de ofrecer amor:

> Cuando las personas que están acostumbradas a ser rechazadas y marginadas ven que son aceptadas y amadas por otros, cuando se dan cuenta de que otras personas les están dedicando su tiempo y su energía, eso les transmite el mensaje de que, en realidad, no son escoria.
>
> Ciertamente, el amor se expresa antes en estar con una persona que en el hecho de hacer algo por ella. Continuamente debemos estar renovando nuestra conciencia de ello, por-

que puede que quedemos atrapados haciendo cosas por ellos. Si nuestras acciones no se desprenden del deseo de estar con esa persona, entonces sí que nuestro trabajo se limita a la asistencia social. Cuando uno está dispuesto a estar con una persona pobre, puede reconocer sus necesidades y, si su amor es genuino, uno desea de una forma natural hacer todo lo posible para expresar su amor.

En cierto modo, el servicio es simplemente una vía para expresar que estamos a favor de una persona y, aunque en el caso de los más pobres a menudo no podemos aliviar del todo sus problemas, estando *con* ellos, estando *por* ellos, cualquier cosa que hagamos es importante. El mensaje que procuramos transmitir a los más pobres entre los pobres es el siguiente: «No podemos solucionar tus problemas, pero Dios te ama aunque estés discapacitado, aunque seas alcohólico o padezcas la lepra; te cures o no, Dios te quiere lo mismo, y nosotros estamos aquí para expresarte ese amor.» Si somos capaces de contribuir a aliviar un poco su dolor, eso está muy bien, pero resulta más importante para nosotros recordarles que, incluso en momentos de dolor y sufrimiento, Dios los ama. Es un mensaje difícil de comunicar, claro está, pero creemos que lo primero es estar por ellos. Si invertimos tiempo en una persona, eso constituye lo mismo una expresión de amor que el hecho de hacer algo por ella.

A continuación Nigel, uno de nuestros voluntarios, describe su experiencia en nuestro hogar para moribundos e indigentes en Calcuta:

> Cuando me ofrecí para ayudar en el Nirmal Hriday, odiaba aquel sitio a causa del sufrimiento, y me sentía completamente inútil. Constantemente pensaba: «¿Qué estoy haciendo aquí?»
>
> Posteriormente, cuando regresé a Gran Bretaña, mantuve una larga conversación al respecto con una de las hermanas. Le conté que había aprendido rápidamente el lenguaje por signos para poder diferenciar al que me pedía un vaso de agua del que necesitaba un orinal, para de este modo no equivocarme. Pero aparte de eso no había hecho gran cosa. La mayor parte del tiempo lo había pasado sentado en la cama de los enfermos animándolos

> o alimentándolos. A veces te lo agradecían, pero muchas otras no, ya que estaban agonizando. Así pues, cuando la hermana me preguntó cómo me las había arreglado, respondí: «Me limité a estar ahí.» Y ella me replicó: «¿Y qué hacían san Juan y nuestra Madre bendita al pie de la cruz?»

¿Miramos a los pobres con compasión? Ellos tienen hambre no sólo de comida, están hambrientos de ser reconocidos como seres humanos. Están hambrientos de dignidad y de ser tratados como nos tratan a nosotros. Están hambrientos de nuestro amor.

Todo acto de amor es una plegaria

Es más importante cuánto amor ponemos en nuestros actos y en compartir con los demás que la cantidad de cosas que hagamos por ellos. Debemos tratar de evitar el juzgar a las personas. Si las juzgamos no les estamos dando amor. Hay que procurar ayudarlas detectando sus necesidades y actuando para cubrirlas. La gente me pregunta a menudo qué pienso, por ejemplo, de los homosexuales, y yo siempre respondo que no suelo juzgar a las personas. No se trata de lo que los demás hayan podido hacer o no hacer, lo que importa a los ojos de Dios es lo que uno es.

En la puerta de la capilla de nuestra Casa Madre pueden leerse unas palabras. Fueron escritas por el padre Edward Le Joly después de hablar conmigo en 1977, y explican con exactitud en qué consiste nuestro trabajo:

> No estamos aquí por el trabajo, estamos aquí por Jesús. Todo lo que hacemos es para Él. Ante todo, somos religiosos, no somos asistentes sociales, ni maestros, ni enfermeras o doctores, somos hermanas y hermanos religiosos. Servimos a Jesús en la pobreza. Lo cuidamos, lo alimentamos, lo vestimos, lo visitamos, lo confortamos en la pobreza, el abandono, la enfermedad, la orfandad, la agonía. Pero todo lo que hacemos, nuestras plegarias, nuestro trabajo, nuestro sufrimiento es para Jesús. Nuestra vida no tiene otra razón o motivación. Éste es un punto que muchas personas no comprenden.[8]

8. E. Le Joly, *We Do It For Jesus,* Londres, 1977, p. 12.

He aquí algunos ejemplos de la hermana Dolores, el hermano Geoff y de una voluntaria (Linda) sobre este tipo de amor a través de la acción:

> En Occidente hay muchísima soledad. La mayoría de las personas solitarias necesitan simplemente a alguien que se siente con ellas, les haga compañía, les dedique una sonrisa, porque ya no tienen familia y viven solas, encerradas en sí mismas. Así pues, cuando trabajaba en uno de los hogares de la congregación en Nueva York, varias veces a lo largo del año convocamos a todos a una reunión social, a fin de que puedan relacionarse con otras personas, y a ellos les hace mucha ilusión. Organizamos un día dedicado a ellos, les ofrecemos un buen almuerzo y pasteles, y el simple hecho de salir de sus casas y mezclarse con otros introduce algo de felicidad en sus vidas. En nuestros comedores de beneficencia nos encargamos de personas que han perdido el rumbo. Vienen a comer y muchos de ellos ni siquiera comen. Sencillamente desean estar ahí en una atmósfera de paz y tranquilidad y, por lo general, después de rezar con nosotros una plegaria se marchan. Muchas personas no

sólo desean sopa, anhelan el contacto con personas que sienten que los aprecian, que los quieren, en un lugar donde se sienten aceptados y encuentran algo de paz para sus corazones. Lo que importa es el contacto personal.

En Occidente tendemos a movernos en función del beneficio; todo lo medimos según los resultados y vivimos cautivos de un afán de ser más y más activos, para producir más resultados. En Oriente, en mi opinión, especialmente en la India, la gente se contenta con ser, con estar sentado bajo una higuera de Bengala la mitad del día, conversando con otras personas. Probablemente nosotros, los occidentales, lo consideraríamos una pérdida de tiempo. Pero eso tiene un valor. Estar con alguien, escucharle sin mirar el reloj y sin esperar resultados nos enseña algo sobre el amor. El éxito del amor reside en el mismo amor, no en el resultado de ese amor. Evidentemente, en el amor es lógico desear lo mejor para la otra persona, pero el hecho de que ésta lo consiga o no no determina el valor de nuestros actos. Cuanto más capaces seamos de eliminar esa prioridad de los resultados más aprenderemos sobre la dimensión contemplativa del amor. Existe el amor expresado en el servicio y el amor que entraña la contemplación. Es el equilibrio entre ambos lo que debemos perseguir. El amor es la clave para conseguir ese equilibrio.

Ayudar a los niños del Sishu Bhavan en Calcuta fue algo muy especial para mí. El contacto con ellos me emocionó profundamente. Una mañana estábamos sentados arriba formando un corro —lo hacemos con frecuencia y solemos cantar— y yo sostenía a un niñito discapacitado que me miraba con unos ojos cargados de amor y felicidad. Todo él denotaba una gran serenidad. Recuerdo ese momento como una profunda experiencia espiritual.

Amar hasta que nos duela

Debemos crecer en el amor, y para ello debemos amar constantemente y dar y seguir dando hasta que nos duela, tal como hizo Jesús. Hacer cosas ordinarias con un amor extraordinario: cosas pequeñas como cuidar a los enfermos y a los indigentes, a los solitarios y a los marginados, lavar y limpiar para ellos.

Debemos dar aquello que nos cuesta algo. Así no estaremos dando simplemente cosas de las que podemos prescindir, sino cosas de las que no podemos o no queremos prescindir, cosas que nos importan realmente. Es entonces cuando nuestra donación se convierte en un sacrificio y tiene valor ante Dios. Todo sacrificio es útil si se efectúa por amor.

Este dar hasta que duela, ese sacrificio, es también lo que llamo amor en la acción. Todos los días constato ese amor, tanto en los niños como en hombres y mujeres. En una ocasión caminaba por la calle cuando un mendigo se me acercó y me dijo: «Madre Teresa, todos están siempre dándole cosas, yo también quiero darle algo. Hoy, para todo el día, solamente cuento con veintinueve paisas y quiero dárselas a usted.» Reflexioné durante unos instantes: si lo acepto (veintinueve paisas no tienen casi valor), él no va a tener nada para comer esta noche, pero si no lo acepto va a sentirse herido. Así que extendí la mano y acepté el dinero. Nunca había visto tal alegría en un rostro como la que reflejó el suyo, de pensar que un mendigo también pudiera ayudar en algo a la Madre Teresa. Fue un gran sacrificio para ese pobre hombre que, sentado todo el día bajo el sol, solamente había recibido veintinueve paisas. Fue muy hermoso: veintinueve paisas es una cantidad tan pequeña que no se puede adquirir nada con ella, pero el hecho de que él renunciara a ellas y yo las aceptara las convirtió simbólicamente en miles de rupias, porque fueron dadas con mucho amor.

El otro día recibí una carta de un niño desde América. Supe que era pequeño porque escribía con una caligrafía muy grande: «Madre Teresa, la quiero tanto que le mando mis ahorros», y dentro del sobre había un cheque por valor de tres dólares. Asimismo, una de las hermanas destinadas en Londres me explicó que, un día, llamó a la puerta del hogar de Kilburn una niña con una bolsa llena de peniques y dijo: «Esto es para los pobres.» No dijo: «Esto es para la Madre Teresa» o para las Misioneras de la Caridad. Vivía en esa misma calle, un poco más abajo, y había visto a los residentes deambulando por allí, por eso dijo «Esto es para los pobres». Simplemente los había visto con sus propios ojos y pienso que eso mismo le ocurre a mucha gente. Ven algo y se sienten animados a hacer algo porque está bien.

Recientemente se casó aquí una joven pareja. Decidieron que deseaban una boda muy sencilla.

Ella llevaba un sari liso de algodón y sólo estuvieron presentes los padres de ambos; luego nos donaron el dinero que les habría costado una gran ceremonia matrimonial por el rito hindú. Compartieron su amor con los pobres. Cosas así suceden todos los días. Convirtiéndonos en pobres nosotros mismos, amando hasta que nos duela, nos volvemos capaces de amar más profundamente, de una forma más hermosa, más completa.

Una de nuestras voluntarias, Sarah, nos brinda su experiencia de cómo vivió este tipo de amor mientras estuvo trabajando en uno de nuestros hogares en San Francisco:

> Lo que yo entiendo por amar hasta que duela es amar aunque no entendamos la situación, a las personas o cualquier otra cosa. No obstante, resulta más sencillo decirlo que hacerlo, aunque hay períodos de tiempo en que soy capaz de conseguirlo. Por otra parte, el resultado de intimar con las personas era que, cuando fallecía alguno de los residentes (Chris), se me hacía muy duro de soportar. No quería volver al hogar: de hecho en este caso pasé tres semanas sin aparecer por allí. Me levantaba por las mañanas y me prepara-

ba para ir a trabajar y luego no iba. Las hermanas lo comprendieron perfectamente. Ésa fue su manera de ayudarme, porque no me juzgaron ni condenaron mi actitud. Se limitaron a comentar: «No pasa nada, vuelve cuando quieras.» Cuando yo me lamenté y lloré por Chris tras su muerte me dijeron: «Esta casa está aquí para que las personas que lo desean vengan a morir. Sería egoísta por nuestra parte que les lloráramos, porque estaríamos pensando en nosotras y no en ellos, que están con Dios. Deberíamos sentirnos felices por ellos.» Ésa es la actitud que ellas defienden.

Yo ni siquiera soy voluntaria de dedicación completa, pero las personas que desempeñan ese trabajo día a día deben de saber mucho más sobre ese amar hasta que duela. Si uno se mueve en ese ambiente y ofrece todo su tiempo, se vuelve mucho más diestro en el arte de amar y de convertirse en una fuente espiritual para Dios. Estos voluntarios de dedicación completa son especiales, Dios los llena todos los días. Fingir amor en el mundo resulta muchísimo más fácil, porque en realidad nadie pide que des hasta que duela.

Un sufridor jubiloso

El espíritu de un misionero de la Caridad es de entrega total a Dios, de cariñosa confianza en los demás y de alegría para con todos. Hemos de aceptar el sufrimiento con júbilo, llevar una vida de pobreza con jovial confianza y auxiliar a Jesús en los más pobres entre los pobres con alegría. Dios ama a los dadores alegres. Da mejor el que da con una sonrisa. Si estamos siempre dispuestos a decir «sí» a Dios, tendremos siempre dispuesta una sonrisa para todo y seremos capaces, con la bendición de Dios, de dar hasta que nos duela.

Dos de nuestros voluntarios (primero Sarah y luego Dave) descubrieron el valor de esta máxima en nuestros hogares de San Francisco y Londres, respectivamente:

> Lo que realmente me gusta de las hermanas es que cuando las cosas se ponen difíciles saben mantener su sentido del humor. Y cuando se cometen errores, son rectificados y se sigue adelante. Pero aun así, algunas me han dicho que a veces su vida es muy difícil, que sufren y lloran por sus propias familias. También ellas tienen hermanos, hermanas y

padres que tienen problemas o están enfermos y ellas no pueden hacer nada por ayudarlos en este mundo más que rezar. Así pues, también ellas tienen sentimientos y lloran. Son humanas, aman a Dios y aman a las personas.

Trabajando con las hermanas descubrí que son simplemente lo que aparentan ser. Tengo mucho contacto a diario con ellas, durante las tareas que llevamos a cabo cotidianamente, como trabajar en la cocina y fregar los suelos, servir las comidas, ir al supermercado, llevar gente al médico o al departamento de psiquiatría del hospital, teniendo a veces que tratar con personas muy desagradables. Pero ellas siempre están alegres. Y no es una alegría fingida, es real.

Estoy convencido de que esa alegría externa es la manifestación de la alegría interna que ellas sienten. Sé que cualquiera que trabaje con ellas es consciente del tiempo que pasan arrodilladas en la capilla, y por ello son felices. Sus momentos más felices corresponden a la plegaria, la esperan con ilusión, les gusta orar y recuperarse así y las encanta, asimismo, donar la energía que han recibido en ese reabastecimiento. No es cuestión de fanatismo, es un alegre y genuino deseo de compartir lo que poseen. Al igual que no se quedan con ninguna de las cosas materiales que tienen: cualquier cosa que reciban, ropa, comida, dinero o lo que sea —bolsas de papel, gomas elásticas o cualquier otra cosa—, lo dan. Todo lo que entra vuelve a salir.

Pienso a menudo en cuántas cosas deben recibir de Dios y cuánto debe amarlas Él. Las amo y me siento atraído hacia ellas al pensar lo agradables que deben de ser para Dios. Su gracia y su energía les viene dada por Dios, es un amor recíproco, que luego ellas nos muestran a nosotros. Eso lo constato en todas y cada una de las hermanas, y eso que no son clones, son individuos independientes, cada una con su propia personalidad.

El santo y seña de los primeros cristianos era la alegría. Así pues, sirvamos al Señor con alegría. La hermana Kateri explica cómo:

Me hallaba trabajando en el centro de parálisis cerebral de Nueva York y rezaba a diario. Un día alguien me preguntó por qué motivo estaba tan contenta, insinuando que quizá me había enamorado de alguien. Pero no era eso exactamente, era que estaba sintiendo el amor de Dios. Era tan feliz y me sentía tan realizada porque veía que mi relación con Dios se estaba consolidando. Eso me hacía sentir inmensamente alegre.

La alegría es amor, la alegría es plegaria, la alegría es fuerza. Dios ama a la persona que da con alegría, y si uno da con alegría, da cada vez más. Un corazón alegre es el resultado de un corazón que arde de amor.

Las obras de amor son siempre obras de alegría. No hace falta que busquemos la felicidad: si tenemos amor para los demás, ésta nos será dada. Es el regalo de Dios.

El fruto del amor es el servicio

En la pared del Hogar para niños de Calcuta tenemos un cartel que dice:

Tómate tiempo para pensar
Tómate tiempo para rezar
Tómate tiempo para reír

Es la fuente de poder
Es el mayor poder sobre la tierra
Es la música del alma

Tómate tiempo para jugar
Tómate tiempo para amar y ser amado
Tómate tiempo para dar

Es el secreto de la perpetua juventud
Es el privilegio que nos da Dios
El día es demasiado corto para ser egoísta

Tómate tiempo para leer
Tómate tiempo para ser amable
Tómate tiempo para trabajar

Es la fuente de la sabiduría
Es el camino hacia la felicidad
Es el precio del éxito
Tómate tiempo para hacer caridad
Es la llave del Cielo.

La plegaria en la acción es amor, y el amor en la acción es servicio. Hemos de procurar dar de forma incondicional lo que una persona pueda necesitar en un momento dado. La cuestión es hacer *algo* (por nimio que sea) y demostrar a través de nuestras acciones que nos preocupamos, ofreciendo nuestro tiempo. En ocasiones ello puede comportar realizar algo físico (como hacemos en nuestros hogares para enfermos y moribundos), otras veces, en cambio, puede concretarse en ofrecer apoyo espiritual a los que se han encerrado en sí mismos (los que se se hallan aislados y solos en su casa). Si una persona enferma desea medicinas, démosle medicinas; si necesita consuelo, entonces consolémosle.

Todos somos hijos de Dios; así que es importante que compartamos sus dones. No debemos preocuparnos de por qué existen los problemas en el mundo, sino simplemente responder a las necesidades de las personas. Hay quien opina que si nosotros damos caridad a los demás eso hará disminuir la responsabilidad de los gobiernos para con los pobres y los necesitados. No me preocupo de esas cosas porque los gobiernos no suelen ofrecer amor. Me limito a hacer lo que yo puedo hacer; el resto no es asunto mío.

Dios ha sido muy bueno con nosotros: las obras

de amor constituyen siempre un medio para acercarnos a Dios. ¡Pensemos en lo que hizo Jesús durante Su vida aquí en la tierra! La dedicó a hacer el bien. Siempre recuerdo a las hermanas que los tres años de la vida evangélica de Jesús fueron invertidos en curar a enfermos y a leprosos, a niños y a otras personas; y eso es exactamente lo que hacemos nosotras, predicar el Evangelio a través de nuestras acciones. Servir es un privilegio para nosotras y lo que tratamos de ofrecer es un servicio real y sincero.

Somos conscientes de que lo que hacemos no representa más que una gota en el océano, pero ese océano se reduciría sin esa gota. Así, por ejemplo, pusimos en marcha nuestras escuelas para enseñar a los niños pobres a amar el estudio y a ser aseados. De no haber sido así, esos niños vagarían por las calles.

Si consideramos que una persona estará mejor atendida en otra organización, dependiendo de las circunstancias, entonces lo sugerimos, aunque dado que estamos al servicio de los más pobres entre los pobres nunca rechazamos a una persona si demuestra tener verdadera necesidad. El hermano Geoff lo explica de la siguiente manera:

> Muy raras veces encontramos a alguien que esté dispuesto a cuidarse de los desamparados que acuden a nosotras, especialmente en países como la India, donde las necesidades son enormes. Nuestros hogares de los misioneros de la Caridad son a menudo la última parada para muchos pacientes que han sido ya rechazados prácticamente por todo el mundo.

Con objeto de poner de manifiesto otros frutos que ofrece el amor en la acción (servicio) pensé que sería útil trazar en primer lugar un esbozo del trabajo de los Misioneros de la Caridad, para luego compartir algunas de las experiencias de voluntarios que han colaborado con nosotros. De esa manera podremos ver el efecto que puede tener no solamente sobre los indigentes, sino también sobre la persona que brinda el servicio, el hecho de hacer algo, por insignificante que sea.

Hoy día, el trabajo de las Misioneras de la Caridad es muy variado y puede dividirse en los siguientes aspectos:

TRABAJO APOSTÓLICO en escuelas dominicales, grupos de estudio de la Biblia, grupos de Acción

Católica y la visita a los internos de hospitales, hospicios y prisiones.

ATENCIÓN MÉDICA en dispensarios, clínicas para leprosos, centros de rehabilitación para pacientes de lepra. Asimismo, también a través de nuestros hogares para niños abandonados, niños con discapacitación física o mental, indigentes enfermos y agonizantes, enfermos de sida, de tuberculosis, o en nuestros centros para el tratamiento de la malnutrición y en clínicas móviles.

SERVICIO EDUCACIONAL en escuelas de enseñanza primaria en los suburbios, clases de costura, comerciales, de manualidades, parvularios en pueblos, así como en programas de posgrado.

SERVICIO SOCIAL, mediante planes de bienestar y educación infantil, guarderías diurnas; hogares para indigentes, alcohólicos y drogadictos, hogares para madres solteras; albergues nocturnos y centros de planificación familiar por métodos naturales.

SERVICIOS DE ACOGIDA donde proporcionamos comida y centros de distribución de ropa, de raciones secas, alimentos cocinados y asistencia a familias necesitadas.

GANDHIJI, PREM NIVAS, TITAGARH, CALCUTA

En nuestros días, los pacientes de lepra también pueden disfrutar de la vida, sabiendo que se los puede ayudar y que pueden curarse. Ya no tienen por qué desaparecer y esconderse por sufrir esa enfermedad, y eso significa que la familia puede seguir viviendo bajo el mismo techo sin miedo a infectarse. Hoy el hijo de un leproso no es un leproso.

Hace más de cuarenta años decidimos poner en marcha una clínica móvil para pacientes de lepra bajo un árbol en Titagarh, a unos cuantos kilómetros de Calcuta. Visitábamos a los pacientes dos veces por semana y los restantes días nos ocupábamos de los que sufrían malnutrición y visitábamos los hogares de los enfermos. Luego, los sábados nos ocupábamos la limpieza.

Hoy contamos con un centro maravilloso llamado Gandhiji Prem Nivas, que es casi como un pueblo. Se extiende siguiendo las vías del ferrocarril y todos los edificios que lo componen están pintados de colores vivos y alegres: rojos, azules y verdes. Incluye talleres, dormitorios, clínicas, pabellones, un colegio, un departamento para pacientes externos, cabañas independientes para familias, así como pozos que abastecen de agua a toda la comunidad. En el patio interior se levanta una estatua de Gandhi.

El Prem Nivas fue construido por los propios pacientes de lepra y es un lugar donde pueden vivir y trabajar. Al principio, cuando en 1974 nos concedieron el terreno para construir el centro, no era más que un solar de descarga del ferrocarril, pero empezamos a construir sencillas chozas con tejado de paja y fuimos convirtiéndolo poco a poco en un lugar hermoso.

El hermano Vinod, que dirige el centro Prem Nivas, nos brinda más detalles del centro tal como es en la actualidad:

> Tenemos mil cuatrocientos casos de lepra mensuales bajo tratamiento regular y, desde 1958, se han registrado aquí unos treinta y ocho mil. Muchos de ellos han sido ya dados de alta, pero los pacientes a los que atendemos en la actualidad vivirán otros veinte o treinta años, así que los Misioneros de la Caridad continuarán su trabajo al menos durante ese período de tiempo. Ahora que es posi-

ble controlar la lepra estoy seguro de que en el futuro no veremos tantas deformidades; de hecho el plan del gobierno estriba en conseguir erradicar la lepra en la India hacia el año 2000.

La clave está en la detección temprana de la enfermedad, y es por ello que nuestra clínica resulta tan vital. El mal afecta al sistema inmunitario del cuerpo y se contagia por vía aérea, de modo que no es necesario permanecer demasiado tiempo en contacto con un paciente para contraerlo. No obstante, si nuestro sistema inmunitario es fuerte, no lo contraeremos. No disponemos de una vacuna contra esta enfermedad, pero sí contamos con un test que determina el grado de inmunidad de cada uno. Si alguien contrae la lepra, puede ser curado con medicamentos en las primeras fases de desarrollo del mal.

Todavía hoy, la lepra se extiende en la mayoría de los casos entre las capas más deprimidas de la sociedad. Los pobres carecen de la educación suficiente para reconocer que la sufren hasta que empieza a manifestarse alguna deformidad. En ese momento, claro está, ya es demasiado tarde para reparar el daño, cuando ya se observa una pérdida de sensibilidad en manos y pies, así como la aparición de ulceraciones, pero sí somos capaces de detener su avance llegado ese punto. Sin embargo, los pacientes de lepra que presentan deformidades visibles caen en la desesperación y renuncian a vivir en una sociedad que los margina. Por ello aquí les ofrecemos un sitio, y también un trabajo, y al poco tiempo el paciente recobra la fe, la esperanza y la autoestima perdida.

En el centro admitimos a muchos mendigos que anteriormente han vivido en las aceras o estaciones de ferrocarril. También aceptamos a niños enfermos de lepra. Sus padres prometen siempre que en cuanto el niño se encuentre mejor volverán a por él, pero nunca lo hacen. Así pues, éste es también un centro para niños y niñas, y cuando crecen suelen casarse aquí, asumen un trabajo, consiguen su propia casa y permanecen con nosotros.

Todo el trabajo lo llevan a cabo los pacientes: enseñan a los demás a vestirse, a poner inyecciones y lo necesario acerca del mantenimiento de los pabellones. Se ocupan de sus propios hermanos. Ellos comprenden el sufrimiento y las dificultades de otros pacientes mucho mejor que nosotros. Naturalmente, los hermanos están entrenados para el cuidado de enfermos de lepra. Son auxiliares médicos y tratan a los pacientes en colaboración con los médicos, que practican la cirugía una vez por semana y ofrecen su tiempo sin pedir nada a cambio, aunque el contacto paciente-paciente resulta siempre preferible.

Somos autosuficientes; cultivamos nuestros propios vegetales y siempre que tenemos excedentes los donamos a otros hogares. Tenemos pescado en la pesquería y cabras y otros animales en una pequeña granja. Contamos también con una sección de confección (donde se hacen los saris de las hermanas), con zapateros y carpinteros, así como constructores e ingenieros. Hay trabajo fijo para todos.

Sishu Bhavan, Calcuta

El Shishu Bhavan, nuestro hogar para niños en Calcuta, se compone de una serie de edificios altos que se esconden tras un muro en una ajetreada calle principal de la ciudad. A la entrada están las clínicas diurnas, donde los pobres acuden con sus niños, así como las oficinas de adopción. En el interior se encuentran las habitaciones para los niños pequeños y los bebés, que duermen en literas de cunas de color verde. También hay un patio pequeño para que los niños puedan correr y una sala donde juegan y se les da de comer.

Del Sishu Bhavan se encarga la hermana Charmaine Jose. Ella y sus hermanas cuidan a unos trescientos niños enfermos o malnutridos, así como a las madres solteras de baja extracción social (a las que proporcionan trabajo).

También contamos con una sección para pacientes externos, en la cual tres médicos atienden entre mil y dos mil pacientes semanales. Luego está la sala de adopción en la que se efectúan las entrevistas con los interesados en adoptar niños. Cuando los niños cumplen la edad de diez años, si no han sido adoptados, a veces los mandamos a escuelas en régimen de internado para que sean educados y, posteriormente, tal vez a una escuela de enseñanza superior, o bien a un curso de secretariado, al final de lo cual les buscamos trabajo. Una vez encauzadas sus propias vidas, por lo general los ayudamos a casarse y les ofrecemos una dote para que puedan empezar una nueva vida. Ellos nos quedan muy agradecidos y suelen visitarnos regularmente con sus hijos. ¡Con frecuencia les digo que son muy afortunados al tener no una madrastra sino veinte!

En la planta baja del centro Shishu Bhavan se hallan las instalaciones de cocina preparadas para alimentar diariamente a más de mil personas. Normalmente se trata de mendigos de la calle y es el único lugar donde pueden confiar en recibir una comida caliente cada día, que es todo cuanto les damos. No obstante, en ocasiones se producen desastres imprevistos y entonces debemos estar preparadas para ofrecer auxilio. Por ejemplo, cuando una extensa área cercana a Calcuta sufrió una grave inundación que la arrasó; mil doscientas familias quedaron desamparadas y lo perdieron todo. Las hermanas del Shishu Bhavan, y también los hermanos, trabajaron toda la noche llevándoles suministros y ofreciéndoles cobijo.

Como explica la hermana Charmaine José:

> Somos gente de la calle y nuestro trabajo está en las calles. Rezamos mientras caminamos, cuando nos dirigimos a visitar familias, a asistir a un niño moribundo o a llevar medicinas a los que las necesitan. A cada hermana se le asigna una calle por día y ella averigua

qué ayuda podemos ofrecer a los pobres. También acudimos a los pueblos que cuentan apenas con infraestructuras y abrimos en ellos centros médicos. En ocasiones llegamos a ocuparnos de dos mil quinientos pacientes semanales en dichos lugares.

Muchas de nuestras hermanas son enfermeras y algunas son médicos, por tanto suelen trabajar en los dispensarios, si bien las que se han formado para tratar a niños trabajan en sus pabellones. Contamos asimismo con una escuela para niños de la calle que sufren abusos o son obligados a prostituirse. Por lo general no tienen comida, carecen de ayuda y de medicinas. Nosotras los recogemos, les damos clases, los alimentamos, los vestimos y, al cabo de un tiempo, les encontramos un tutor para que se ocupe de cada uno de ellos y pueda llevarlos a una escuela para que completen su educación.

Los niños que sufren discapacitación mental o física permanecen aquí a nuestro cargo. Muchos de ellos no llegan a vivir mucho tiempo, pero los que sobreviven son transferidos a otros hogares de nuestra orden en cuanto cumplen los trece años.

Nirmal Hriday, Calcuta

Nuestro hogar para moribundos en Calcuta fue en su día un lugar de reposo para peregrinos que acudían al templo de Kali. Situado en el corazón de la ajetreada zona de Kalighat, en Calcuta, nuestro edificio se encuentra de hecho adosado al mismo templo. A la entrada, en la parte izquierda, se ubica el pabellón para los hombres, y a la derecha, el de las mujeres. Amplios ventanales dejan penetrar abundante luz en las habitaciones, ocupadas por numerosas literas, todas con sus cubrecamas de plástico azules. En medio se encuentra el centro médico y los baños, y detrás de ellos la cocina y el tanatorio. Nuestra escuela para niños callejeros se encuentra en el terrado, donde viven las hermanas.

Disponemos de cincuenta camas para hombres y cincuenta y cinco para mujeres, pero podemos incrementar ese número en función de las necesidades. Cuando los hombres y mujeres acuden a nuestro hogar para moribundos, por lo general no son capaces de hablar, de modo que en cuanto llegan en las ambulancias o nos los traen las hermanas y hermanos, los inscribimos en el registro con el epígrafe de «desconocido». Luego, tras brindarles un poco de cuidado y amor, además de alimentos, recuperan la facultad de hablar y nos dan sus nombres. Las hermanas averiguan qué religión profesan estos pacientes, a fin de que, en caso de que fallezcan, puedan tener un entierro apropiado: los católicos reciben sepultura en el cementerio, los musulmanes van al camposanto musulmán y los hindúes son llevados al *ghat* de incineración, muy cercano a nuestro centro. La mayoría de las personas que acuden a nosotros son hindúes, por tanto si no conocemos su religión solemos darles un entierro según el rito hindú.

La hermana Dolores, que dirige el Nirmal Hriday, explica:

> Nunca preguntamos a nadie los motivos por los que se encuentra en la calle, no necesitamos conocer su historia. No los juzgamos sea cual sea la situación en que estén inmersos, pues todo lo que desean es un poco de amor y atención, y con eso se sienten satisfechos. Nosotras nos limitamos a cuidar a la persona que nos llega y Dios hace el resto a través de nosotras.
>
> Generalmente, cuando una persona acude a nosotras, en primer lugar se le da un baño, aunque en ocasiones están tan enfermos que

los llevamos directamente a la cama, les lavamos la cara y les colocamos un gota a gota. A veces debemos ocuparnos de los que tienen gangrena o heridas graves agusanadas o bien diarrea crónica. Muchos llegan con tuberculosis y otros con hemorragias, que deben atajarse de inmediato.

Ocurre alguna vez que tan pronto como hemos metido al paciente en la cama, éste muere. Otras veces llegan a recuperarse un poco, pueden incorporarse en la cama o incluso estar de pie y andar, y algunos regresan finalmente a casa, aunque para muchos la calle es su casa. Así pues, algunos de los pacientes nos dejan y vuelven a nosotras cuando caen de nuevo enfermos. Les decimos que les tendremos una cama reservada.

Las Islas Británicas

La hermana Theresina, americana de origen, es la superiora regional para las Islas Británicas e Irlanda. A continuación, describe nuestro creciente trabajo en el Reino Unido:

Cuando las hermanas empezamos a trabajar aquí nos dimos cuenta de que se nos necesitaba para ayudar a muchos pensionistas de vida solitaria. Con frecuencia encontramos parejas de ancianos que pasan el invierno sin calefacción y nosotras se la procuramos, o bien a gente viviendo sin muebles por una razón u otra. Muchas personas son muy ignorantes y no saben con quién contactar; detrás de las paredes de ladrillo hay cantidad de personas solas que tienen gran necesidad de una visita.

En nuestros comienzos, salíamos por las noches en busca de indigentes. Ahora hacemos salidas con ellos y les organizamos actividades especiales. Así, por ejemplo, hace poco llevamos a trescientas veinte personas en seis autocares de excursión a la abadía de Worth.

En la actualidad poseemos un centro de acogida para hombres y otro para mujeres en Kilburn, Londres; y en Liverpool, en el norte de Inglaterra, tenemos abierto un hogar para hombres, otro para mujeres y un comedor de beneficencia, y también llevamos a cabo trabajo pastoral, visitas a familias y programas de catequesis para niños.

Cuando salimos rezamos el rosario; nuestra arma es la palabra de Dios, ya que el diablo trata de ejercer su influencia sobre la vida de las personas, y nosotras debemos penetrar en ella acompañadas de Jesús y María, pues son ellos los que deben obrar y tocar los corazones de la gente, no nosotras. Nosotras nos sentimos muy vinculadas al rosario. Recuerdo una ocasión en que lo rezamos en el metro de Londres. Lo hacíamos en voz baja porque en Inglaterra la gente no suele tener costumbre de hablar en los transportes públicos, y el vagón estaba en silencio. Luego el metro tuvo una avería y nos hicieron apearnos y esperar en el andén; el próximo tren iba muy lleno de gente. Una mujer que estaba de pie a nuestro lado nos dijo: «Hermana, quiero que sepa que he estado rezando el rosario con usted», y nosotras no nos habíamos percatado de que lo hacía. Nos contó que algunas veces venía a nuestra casa en la calle Bravington a la hora de rezar, pero que llevaba ya algún tiempo sin volver. Y ésa fue en definitiva nuestra conversación, pero nos fue de ayuda, porque no siempre percibimos los frutos de nuestro trabajo.

Cuando la Madre vino al hogar para hombres en Kilburn, en marzo de 1994, vio dos habitaciones y dijo: «Éstas son para los enfermos de sida.» Ésa fue la primera vez que escuché la posibilidad de que admitiéramos a enfermos de sida, pero la Madre simplemente lo dijo. Creo que lo pensó en ese momento, porque me acuerdo de su mirada cuando lo dijo, ahí de pie en medio de la habitación. Por ello me esforcé en hacerlo realidad, y ciertamente no fue fácil. Ahora, mediante la ayuda de un hombre que es alcohólico y drogadicto rehabilitado que está enfermo de sida, estamos recibiendo a personas que no pueden valerse por sí mismas.

El trabajo de los hermanos

El hermano Geoff es australiano y sucesor del servidor general, el hermano Andrew, que fuera el fundador de los hermanos Misioneros de la Caridad.

En Los Ángeles, nuestra obra principal es un centro diurno para inmigrantes latinos ilegales, muchos de los cuales viven en la calle. Se trata de un lugar al que acuden, tres veces por semana, de setenta y cinco a cien jóvenes de entre catorce y dieciocho años para pedir una comida caliente, una ducha, tratamiento médico, un corte de pelo o simplemente para relajarse. En el pabellón de hombres nos ocupamos de ocho personas con discapacitación física y mental. También ellos fueron encontrados en las calles de Los Ángeles y necesitan desesperadamente atención y un entorno seguro.

En Japón, en la ciudad de Tokio, trabajamos con alcohólicos de la calle. Es un trabajo que exige dedicación completa. Ocasionalmente se han registrado peleas y las cosas pueden llegar a ponerse difíciles, pero tratamos de mantener nuestros hogares libres de violencia. Los alcohólicos japoneses se comportan generalmente mucho mejor que los de otros países. En Los Ángeles hemos tenido hermanos trabajando con chicos de bandas callejeras, tratando de ayudarlos, y en Hong Kong trabajamos con drogodependientes. También ayudamos en áreas más duras, en ciudades como Bogotá y Medellín, en Colombia, donde hay un elevado índice de violencia. Presenciamos muchos incidentes, pero nos mantenemos al margen. La gente conoce el trabajo que llevamos a cabo y, por lo general, no suele molestarnos.

Nuestro trabajo difiere en gran medida del que llevan a cabo otras organizaciones también dedicadas a los pobres. No se puede decir que una sea mejor que la otra; creo que en ambos lados se hacen cosas buenas, pero muchos de los esfuerzos que realizan esas organizaciones van encaminados a ayudar al pobre a superar su situación, a devolverle a la situación en que se hallaba antes de caer en la pobreza. Esos esfuerzos valen la pena, sobre todo si pasan por la educación, pero pueden convertirse en un tema político. Los pobres a los que los Misioneros de la Caridad nos sentimos llamados a asistir son aquellos que, independientemente de lo que se haga por ellos, van a continuar en cierto modo dependiendo de otras personas. Constantemente nos preguntan: «¿Por qué no enseñan al pobre a pescar, en lugar de darle un pescado?», y nosotros respondemos que la mayoría de nuestros pobres no tendrían fuerzas ni para aguantar la caña. A menudo pienso que es ahí donde reside la confusión —y en ocasiones la crítica— en relación a nuestro trabajo, porque no se hace la distinción entre los pobres de los que nos ocupamos nosotros y los otros.

El desarrollo, desde luego, vale la pena, pero no es eso lo que necesitan nuestros pobres. Si una persona está agonizando, no hay tiempo para averiguar por qué se halla en esas condiciones y enumerar todos los programas sociales que podrían haberlo evitado. Lo que nosotros decimos es: «Dejemos que otros trabajen en los problemas que han llevado a este hombre a ese extremo, pero ahora ayudémosle a morir en paz y con dignidad.» En muchos casos ofrecemos cuidados a más corto plazo que ellos y nos limitamos a preguntarnos lo siguiente: «Esta persona se halla necesitada, ¿qué podemos hacer por ella?» Si los cambios políticos pueden aliviar esta situación en el futuro, bien venidos sean, pero no tenemos ni tiempo ni energía, ni a menudo capacidad para hacer gran cosa en ese sentido. Dios, en su sabiduría, lo abarca todo. Sabe que una sola persona no es capaz de asumirlo todo; por ello inspira a ciertas personas para que trabajen en determinadas áreas y a otras para que lo hagan en otras distintas.

QUEDA MUCHO POR HACER

Tenemos muchas demandas para abrir nuevos hogares alrededor del mundo, y eso es lo que hacemos todo el tiempo. Hoy estamos presentes en más de cien países, y el hecho de poder ofrecer un servicio sincero y gratuito a los más pobres entre los pobres de tantos lugares supone un auténtico regalo de Dios. Por ejemplo, contamos en la actualidad con hogares para enfermos de sida en España, Portugal, Brasil y Honduras. En África también realizamos ese trabajo, pero no disponemos de centros específicos para ello, al igual que ocurre en Haití. En Estados Unidos tenemos hogares para enfermos de sida en las ciudades de Nueva York, Washington D.C., Baltimore, Dallas, Atlanta, San Francisco y otras. Estamos poniendo en marcha nuestro primer hogar para el mismo tipo de pacientes en la India, concretamente en Bombay.

También acabamos de inaugurar un orfanato en Washington y hace ya tiempo que esperamos poder abrir un hogar en China. Siempre queda trabajo por hacer, pero la historia de la hermana Dolores ilustra lo alegre que puede llegar a ser abrir un nuevo centro:

> En 1965 el obispo de Cocorote nos pidió que abriéramos un hogar en Venezuela. Fue una auténtica alegría para mí formar parte de la primera casa que la Madre inauguró fuera de la India. Deseaba mandar solamente a hermanas profesas, no profesas jóvenes, entre las que yo me contaba, pero siempre preguntaba si había alguna voluntaria y todas levantábamos la mano. En esa época me encontraba en Delhi, ayudando a otra hermana en el hogar infantil Shishu Bhavan, y tuve ocasión de estar con la Madre. Ella me llevó aparte y me dijo: «Jesús desea que vayas a Venezuela.»
>
> Me hizo muy feliz que Dios hubiera planeado eso para mí, y así fue como, el 26 de julio de 1965, llegamos allí un grupo de religiosas. Todavía hoy ofrecen cada año ese mismo día una misa de acción de gracias por la llegada de las hermanas y asimismo organizan en ese hogar una fiesta para los pobres.
>
> Cuando llegamos, no teníamos ni idea del idioma ni de las costumbres de la gente. Todo

era completamente distinto, pero una vez más se trataba de un reto que Dios nos había puesto delante. La gente nos recibió con alegría y nos enseñaron algunas palabras, y una vez las hubimos aprendido, nos ayudaban a terminar las frases, pues no teníamos tiempo de sentarnos a estudiar. Cocorote fue para mí una hermosa misión y las personas que conviven en ella me son muy queridas, incluso después de todos estos años.

El cardenal O'Connor fue quien, en 1985, nos ayudó a abrir nuestro primer hogar para pacientes de sida en Nueva York. La necesidad surgió originalmente en la prisión de Sing Sing y nuestros primeros pacientes procedían de allí. Normalmente los llevaban al hospital Saint Clare o al Bellevue o al Mount Sinai, y los visitábamos allí. Luego, si les convenía ir con nosotras, los llevábamos. Solía tratarse de los que habían sido rechazados o de los que no tenían a nadie, y sus corazones encerraban una enorme amargura. Afrontar los últimos estadios de la vida es tarea dura; por ello nos tomábamos tiempo para crear un espíritu familiar entre ellos, comíamos juntos, hablábamos, rezábamos y jugábamos juntos. Muchos de ellos estaban distanciados de sus familias, pero, después de haber estado con nosotras durante algún tiempo, y gracias a un regalo del Señor, volvían a establecer tratos con ellas. Algunos les escribían cartas y otros los llamaban por teléfono. Y, a medida que fuimos creciendo, un enfermo se hacía cargo del otro, hecho que siempre ha sido maravilloso presenciar.

UNA FUERZA CONTAGIOSA: ACTUAR POR LA VÍA SENCILLA

Nuestro trabajo es constante, nuestros hogares están llenos. Los problemas de los pobres siguen existiendo, así que nuestro trabajo también sigue adelante. No obstante, todos, no sólo las Misioneras de la Caridad, podemos hacer algo hermoso para Dios ayudando a los pobres en nuestros respectivos países. No veo una falta de escrúpulos en ayudar a los demás. Solamente veo a personas llenas del amor de Dios, deseando hacer obras de amor. Ése es el futuro, ése es el deseo de Dios para nosotros, que sirvamos a través del amor en la acción y que el Espíritu Santo nos anime a actuar cuando se nos necesite.

No seríamos capaces de llevar a cabo nuestro trabajo sin nuestros voluntarios. Proceden de muchos entornos, culturas y creencias distintos, pero lo único que les pedimos es que sean capaces de dar amor y tiempo a otras personas. Les damos la bienvenida con las palabras siguientes, que pueden leerse en un póster que tenemos en la Casa Madre:

> Habéis venido a servir a Cristo entre los tullidos, los enfermos y los moribundos. Somos felices y os agradecemos que hayáis aprovechado esta oportunidad para ser testigos del amor de Dios en la acción. Recordad que es Cristo quien obra a través de nosotros; nosotros somos meros instrumentos para el servicio. No se trata de cuánto hacemos, sino de cuánto amor ponemos en lo que hacemos.

La hermana Dolores posee gran experiencia en el trabajo con voluntarios, y nos brinda estos consejos:

> Los voluntarios que vienen a trabajar con nosotras deben tener una mente abierta y estar dispuestos a realizar cualquier trabajo, pues es así como Dios quiere que seamos. La ma-

yoría de ellos trabajan junto a las hermanas y hermanos en el espíritu de la Madre Teresa y las Misioneras de la Caridad, porque nuestra vía es completamente distinta del mundo exterior o de otras instituciones dedicadas a la caridad. Nuestra vía es sencilla y los que vienen a ayudarnos y a compartir el trabajo deben hacerlo a nuestro lado. Por ejemplo, si digo: «lleva a este paciente al hospital», o bien: «ahora conviene que le des un baño», el ayudante debe estar dispuesto a hacerlo, ya que nosotros no seguimos un conjunto de normas. Sin embargo, los hombres y mujeres que vienen a colaborar trabajan duro.

La hermana Theresina, destinada en Londres, se muestra de acuerdo:

Los voluntarios representan una gran ayuda para nosotras y confiamos en ellos hasta cierto punto, si bien debemos estar preparadas para hacerlo todo nosotras mismas. Si necesitamos la ayuda de un voluntario, rezamos por ella y, si esta ayuda no llega, pedimos a los pobres que nos ayuden, y ellos se sienten felices de poder hacerlo. Siempre nos las arreglamos de acuerdo con nuestro camino de sencillez, cocinamos un plato y lo servimos. La cuestión es ofrecer este servicio de manera continuada, ofrecer esta ayuda, y si se ofrecen voluntarios, ello nos hace más eficientes.

He aquí un comentario de una de nuestras voluntarias acerca de lo que podemos dar y recibir por el hecho de ayudar. Mary es una doctora que trabajó con nosotras durante un tiempo en Kalighat:

> Imaginemos que entramos en un sitio y nos dicen: «Encárgate de bañar a esa persona.» Constituye un increíble privilegio que no tengas que decir quién eres; todo lo que necesitas es voluntad de ayudar y te juzgan por ese parámetro. Ése es uno de los aspectos del trabajo de la Madre, dejar que la gente entre en contacto con los pobres. Lo hacemos por nuestro bien y por el de ellos. Hemos cruzado esa enorme barrera, ya no se trata de esos «millones» de personas, sino de alguien concreto a quien hemos tenido delante.

El amor en la acción

En este capítulo algunos de nuestros voluntarios de todo el mundo, hombres y mujeres no profesionales, comparten sus experiencias acerca de cómo se siente uno sirviendo a los pobres y cómo han encontrado la manera de ser útiles en sus propias comunidades.

Los voluntarios que vienen a Calcuta prestan su ayuda, en su mayoría, junto a los enfermos y los moribundos, o también a los niños del Shishu Bhavan. Son gente hermosa, capaz de gran generosidad. Muchos hacen grandes sacrificios para venir aquí, para compartir el trabajo de amar a los pobres, sintiendo la cercanía de Jesús. Para algunos, el hecho de estar aquí supone una oportunidad para profundizar de verdad en su amor personal hacia Él.

Donna

Soy enfermera en prácticas y me ausenté de Escocia, donde vivo, para viajar. Estaba trabajando en Sydney cuando se me ocurrió la idea de ayudar a las Misioneras de la Madre Teresa. Yo no soy católica, fui educada en la religión presbiteriana escocesa y mi padre es ateo. Creo que tomé la decisión de ir a la India después de ver la película *Gandhi.* No me interesaba tanto la historia de la India como la filosofía y el tipo de vida humilde y abnegada que su figura representaba. Me intrigaba descubrir la conexión entre la filosofía de Gandhi y la de la Madre Teresa.

Después de escribir a Calcuta y ser invitada a ir, empecé a trabajar en el hogar para niños Shishu Bhavan. Lo primero que me impresionó de la Casa Madre y de los restantes centros fue la sencillez y la paz que reinaba en ellos. Eran como refugios en medio de tanto ruido y suciedad como se veía en las calles de Calcuta.

Desde que trabajo con las Misioneras de la Caridad puede decirse que una serie de cosas han cambiado en mi vida; uno no puede quedarse allí durante un tiempo sin experimentar algún cambio importante en su vida. Ahora ya no me choca ver pobreza y suciedad, y soy mucho más práctica en lo que siento que puedo hacer por los pobres. Sé que cuando regrese a casa, probablemente me pondré a trabajar a favor los indigentes. Y el hecho de estar junto a las hermanas, con su fe inagotable, me ha reconfortado, me ha ayudado a realizar este trabajo; su alegría y su fe son contagiosas. Al parecer, todo el que viene aquí a trabajar como voluntario capta ese mensaje y se lo lleva consigo para ponerlo en práctica en casa. Hacer *algo*, eso es lo importante, y para ello no hace falta que estemos viniendo continuamente a Calcuta, ni que procuremos ser como las hermanas.

Linda

Me sentía realmente como si no fuera yo la que deseaba ir a Calcuta. Fue casi como si me estuvieran empujando a ir. Desde luego, sabía que lo que debía hacer era ir allí, que era una llamada. Creo que muchas de las personas que van a la India a trabajar como voluntarias creen que lo están haciendo conscientemente, pero en realidad lo están haciendo a otro nivel, más profundo. Todos los voluntarios que conozco escucharon esa voz interna, simplemente los impresionó que fuera eso lo que debían hacer. Al principio estaba muy nerviosa por el hecho de pensar en la pobreza, el ruido y la mugre de la India, y una vez allí pasé todo un día completamente aturdida hasta que me acostumbré. Entonces empecé a trabajar en el Shishu Bhavan, el hogar para niños. Trabajaba allí por las mañanas y tenía las tardes libres.

Los primeros dos días me sentía totalmente extasiada; pensaba: «Soy maravillosa, me dedico a eso tan magnífico que es cuidar a esos niños, les estoy dando montones de amor y ellos me sonríen y me quieren.» ¡Me sentía tan buena y tan santa! Pero luego, al cabo de tres días, tuve una profunda depresión al caer repentinamente en la cuenta de que era una persona terrible, pues solamente iba allí a pasar una temporada. Estaba jugando con aquellos niños, mimándolos, brindándoles todas las atenciones y, cuando se me acabara el tiempo, regresaría a mi hermosa y adorada casita en las Islas Británicas, me reincorporaría mi agradable puesto de trabajo y volvería a percibir mi salario semanal. Estaba dando dulces a un niño para luego quitárselos de la boca. Me eché a llorar, me había sentido tan bien, tan buena persona, y ahora me daba cuenta de que no lo era porque estaba en el voluntariado por mí, no por ellos. Lo hacía porque había algo dentro de mí que lo necesitaba. Estaba dando algo que llevaba dentro y que necesitaba curación: la necesidad que tenía de amor.

Una voluntaria que llevaba allí mucho más tiempo que yo me consoló diciendo: «Por muy pequeño que sea el amor que les des, nunca lo habrían tenido si no hubieras venido o si no se lo hubieras dado. Cada uno de los voluntarios que vendrá después de ti les dará un poquito más.» Eso me hizo apreciar a las hermanas todavía más. En su vida de dedicación nunca piensan en sí mismas, están en las manos de Dios y eso es precioso. Es tan poco común ver a alguien totalmente entregado a una cosa así... Me marcó de por vida. Y, como dice el Evangelio, recibí mucho más de lo que di. Me marché de Calcuta con la sensación de que era un lugar muy especial, de que Dios estaba trabajando allí, de que había fuerzas buenas en esa tierra.

Judith

Durante mis años de universidad trabajé con los pobres en un centro de acogida para alcohólicos sin hogar de Melbourne. Disfrutaba de veras y me di cuenta de que lo que deseaba era tratar de hacer algo por el bienestar social en otro país. Lo llevé metido en la cabeza hasta que, por razones diversas, llegó el momento de marcharse de Australia. Vine a Calcuta porque ya conocía a las monjas de Loreto, por haberme criado con ellas en Australia. Al principio, mi intención era la de enseñar inglés, pero, en cuanto entré en contacto con la comunidad de voluntarios de aquí, me incorporé a las Misioneras de la Caridad como voluntaria a tiempo completo. Ahora ya llevo seis meses aquí y me gusta cómo trabajamos. Voy al hogar de los moribundos de Kalighat y todas las mañanas, a las ocho en punto, la Hermana Dolores inicia nuestra tarea diaria con la reflexión. Cada uno de nosotros le habla durante cinco o diez minutos de sus experiencias, de sus pensamientos y compartimos nuestras historias. Es algo totalmente voluntario, sin ningún carácter religioso concreto, puesto que reúne a todo tipo de gente con opiniones de lo más diversas, pero disponer de ese tiempo es fundamental antes de pasar a la acción.

Hay que olvidarse totalmente de lo que te han enseñado a hacer, porque esto no es ningún hospital, sino un hogar. Puede que los cuidados sean imprescindibles, pero no se prodigan sin más. La experiencia ayuda mucho y, a veces, me he llegado a sentir frágil y excesivamente sensible ante el sufrimiento. A los pocos meses de estar aquí, me saturaba totalmente, hasta el punto de ser incapaz de encargarme de tareas tan sencillas como atender a una mujer con úlceras de decúbito. Me resultaba imposible vendar una herida porque me estaba quedando vacía emocionalmente. Así que me tomé tres semanas de vacaciones. Las hermanas nunca te van a criticar por eso y hasta nos alientan a que nos tomemos tiempo libre, a que nos mimemos, porque son conscientes de lo duro que puede llegar a ser el trabajo. Después de ese paréntesis trabajé durante tres meses seguidos, los mejores que he vivido aquí. El hecho de vivir este padecimiento me colma de satisfacción. Kalighat es extraordinario, porque aquí nos codeamos con la vida y la muerte todos los días.

Desde que estoy aquí, he visto renacer mi fe católica. Como experiencia espiritual cristiana, me hace sentir tremendamente viva. Ya no se trata de creer o no creer; me basta con saber que hay algo dentro de mí que respira. Y, a pesar de estar rodeada de muerte a todas horas, me pasma la dignidad de los cuidados a esas mujeres (las voluntarias atienden a las mujeres) que acuden aquí para que las vistamos, les demos de comer y las tratemos como a seres humanos, después de haber vivido toda la vida como animales. Para mí, la parte importante de todo esto es que esas mujeres mueren con alguien a mi lado, con gente a su alrededor que se preocupa de veras por ellas, que se encarga de que estén limpias y demás. La dignidad de la muerte es extraordinaria: eso es lo importante de Kalighat.

Sé que voy a seguir trabajando con los pobres, porque eso hace que me sienta satisfecha y feliz. He sido más feliz aquí que en ninguna otra parte, y eso es algo que no debería pasar por alto. Con el tiempo, me he dado cuenta de lo desgraciada que era antes y sé que hay mucha gente que vive con esa sensación, con esa inquietud, y trata de convencerse de que está bien así.

Michael

Mi esposa Jane y yo fundamos una asociación hace dos años que se llama TRACKS *(Training Resources and Care for Kids)* [Recursos para la Formación y el Cuidado de la Infancia], después de caer en la cuenta de lo necesitados que estaban los niños que viven en el andén de la estación de Howrah, de los que nadie se ocupa demasiado. Los hermanos Misioneros de la Caridad vienen aquí por las mañanas, hacen su ronda y dispensan asistencia médica, pero veíamos que no podían atender todos los problemas. A veces, por ejemplo, encontrábamos a niños abandonados o recién nacidos en el andén, o descubríamos que los mayores explotaban sexualmente a los chicos y chicas más jóvenes y no había nada que pudiera proteger a esos chiquillos.

Cuando empezamos no teníamos nada, pero pedimos recursos a la Madre Teresa y ella nos proporcionó medicinas para ir tirando. Ahora, si cualquiera de nuestros niños se pone muy enfermo y necesita cuidados constantes, las hermanas de Shishu Bhavan los aceptan. Las autoridades nos han arrestado un par de veces, pero, desde que la Madre Teresa escribió una carta a la dirección de la estación en nuestro nombre, nos hemos fijado en que apenas hemos tenido tropiezos.

Nuestro trabajo consiste en atender a diario a una media de treinta y cinco a cuarenta niños de uno a dieciséis años. Disponemos de un médico permanente, una enfermera y dos maestros, y tenemos también a un profesor de educación física, un jefe de sanidad y tres voluntarios de distintos países. Se imparten clases a los niños en una escuela y las asignaturas básicas son las matemáticas, la geografía y cómo vivir en una estructura social, porque se trata de una educación no académica y desde aquí podemos preparar a los niños para las escuelas oficiales. Las clases se dan en tres lenguas: hindi, bengalí e inglés.

Penny

Como tantos otros voluntarios que conozco, fui a parar a Calcuta «por casualidad». En realidad, estaba haciendo escala de camino a Australia. En aquella época, yo era esteticista, acababa de divorciarme y una vieja amiga me había mandado un billete para que fuera a visitarla. En cuanto llegué al YWCA, salió a darme la bienvenida la coordinadora del voluntariado de las Misioneras de la Caridad. «He rezado para que llegara alguien y aquí estás», me dijo. Me preguntó si podía acompañarla a los barrios bajos y ayudarla a convencer a los niños de que participaran en una función de teatro navideña en la Casa Madre. Y ahí estaba yo con mi faldita ajustada y mis zapatitos altos. ¿Te lo imaginas?

A los pocos días fui a Kalighat por primera vez, cosa que resultó tremendamente traumática para mí. Yo era esteticista y estaba acostumbrada a que todo fuera bonito, reluciera como los chorros del oro y oliera a rosas, de modo que fue todo un shock. Cuando una de las hermanas me pidió que lavara a aquella mujer me dije: «Imposible.» No podía, así que no me moví. Entonces ella me llamó y me dijo: «Penny, por favor. Llévala.» Me eché a llorar y le contesté que no podía. Así que me propuso: «Muy bien, acompáñame entonces», y recogió ese hatillo de huesos, porque eso es lo que era esa mujer, y se metió en el cuarto de baño. Incluso ahora se me saltan las lágrimas: la habitación no estaba demasiado iluminada y yo seguía en un estado totalmente catatónico. Y de pronto, ¡toda la habitación se iluminó! Hacía apenas un momento que había dicho «no puedo» y al rato ya me daba cuenta de que por supuesto podía.

Al fijarme en uno de los cuadros que colgaba de la pared que representaba el cuerpo de Cristo, de repente caí en la cuenta de que cualquiera, sea quien sea, puede ser Cristo. Y no sólo esa ancianita con sarna, sino el mundo entero era el cuerpo de Cristo. Y entonces vi que lo que yo hacía por esa persona, lo podía hacer también por cualquiera.

Me quedé seis meses y, antes de marcharme de Calcuta, le dije a la Madre Teresa: «Volveré», y ella repuso: «No, no volverás: hay mucho que hacer donde tú vives. Pasarán cosas y Dios te aconsejará qué hacer.» Siempre me había frustrado no poder ayudar a mis clientas con sus problemas psicológicos, que surgían en cuanto se sometían a un tratamiento de belleza. Había comprobado que, en cuanto una mujer se quitaba la ropa en la cabina, se convertía inmediatamente en una chiquilla, en una persona que tenía mucho sobre lo que desahogarse. Nos poníamos a charlar y en seguida me empezaban a contar todos esos problemas que yo no sabía cómo abordar. Podía ayudarla a relajarse, pero no podía hacer nada por aliviar el dolor de lo que llevaban en lo más profundo de su ser. Entonces se me ocurrió aprender psicoterapia, y así lo hice.

Ahora, cada vez que un anciano me dice que se ha quedado atrancado, que ya es demasiado viejo para cambiar, voy y le suelto: «Lo siento, pero no estoy de acuerdo. Y lo digo por experiencia. A los cuarenta y ocho años cambié de vida por completo.»

En las páginas anteriores hemos pasado revista a algunas experiencias de personas que nos han ayudado en Calcuta. Sin embargo, tengo que insistir en que no hace falta ir a la India para dar amor a los demás: la calle en la que vivís puede ser vuestro Nirmal Hriday. Podéis ayudar a los pobres de vuestro país como queda demostrado en estos testimonios:

Dave

Empecé como voluntario de los Misioneros de la Caridad a principios de 1994, después de haber visto por televisión los horrores de Ruanda y Somalia. Mi esposa se encontraba fuera, de viaje de negocios, de modo que estaba solo y no tenía nada que hacer. Mientras estaba viendo las noticias, me dije: «¡Dios, debe de haber tanto por hacer, tantos lugares y tanto que atender...! Alguien tendría que ir y ponerle remedio.» Y a la que me quise dar cuenta ya estaba pensando: «Y tú aquí sentado... Así que ¡haz algo o cállate la boca!» Y en ese instante decidí que averiguaría si había alguna organización que pudiera aprovechar mi falta de talento, porque no tengo ninguna preparación en especial. Primero trabajé con las hermanas carmelitas de Washington dos noches por semana en un albergue para mujeres, en su mayoría drogadictas, alcohólicas, ex prostitutas y gente recién salida de la cárcel. Era un sitio peligroso, pero aprendí mucho de la gente sin hogar. Lo cierto es que tenemos tendencia a mirarlos como si fueran de otro planeta y nunca se nos pasa por la cabeza agacharnos y hablarles, porque tememos que sean violentos o desequilibrados mentales. Sin embargo, la experiencia me ha enseñado que ésa es una minoría y que la mayoría son tranquilos y afables, gente a la que algo se le ha torcido en la vida. Más que peligrosos, era gente en peligro, vulnerable.

Cuando la Madre pasó por Washington hará unos años, recuerdo que en una recepción de congresistas en el Capitolio un senador le dijo: «Madre, está llevando a cabo una tarea maravillosa.» Y ella repuso: «Es la tarea de Dios.» «Pero en un lugar con tantos problemas como la India —prosiguió él—, ¿cómo se las arreglará para salir victoriosa? ¿No es inútil intentarlo?», y la Madre replicó: «Bueno, senador, no siempre estamos destinados a salir victoriosos, pero sí a tener fe.» Su respuesta me llegó verdaderamente al alma.

Así que, cuando nos vinimos a Europa, me dirigí a las hermanas Misioneras de la Caridad. Me ofrecieron un trabajo como voluntario en Londres y ya no me he movido de ahí desde entonces. Estoy encantado de estar aquí por las mañanas: a mí también me sorprende, pero es la pura verdad. Me digo: «¡Gracias, Dios, y manos a la obra!», y siempre estoy contento de empezar el día, no como en otros trabajos que he tenido, que me daban dinero, pero con los que nunca me sentía satisfecho. Lo que hago aquí es compatible con lo que pienso en mi fuero interno. No hay ningún conflicto entre sentir, pensar y hacer.

Gerry

He descubierto que plantearse cambiar el mundo es una idea imposible e incluso arrogante. Si no te gusta tal como es, el que tiene que cambiar eres tú. Y eso es precisamente lo que he hecho con mi familia, mi trabajo y mi vida. Al cambiar, he conseguido llegar a lo más profundo de los demás. Antes era un fumador empedernido que pesaba 95 kilos, hasta que me propuse dejar de destruirme. Empecé a correr todos los días, adelgacé y me volví más saludable.

Hace unos años, mientras corría, se me puso una mosca detrás de la oreja que me decía: «Tienes que hacer algo por Dios.» No tenía ni idea de qué podía hacer, hasta que leí un artículo en el boletín de nuestra parroquia que decía: «Se necesita persona joven para ayudar a las monjas del sur del Bronx en un albergue para chicos.» Las llamé y fui para allá. Al llegar, pregunté : «Hermana, busco el albergue», y ella me indicó: «Está a la vuelta de la esquina.» Como es natural, dio por sentado que necesitaba ayuda. Las hermanas tienen por norma atender primero a la gente de la noche anterior, así que los recién llegados tienen que esperar hasta el final. Y ahí estoy yo, mirando a todos esos desamparados, vagabundos, drogadictos y alcohólicos, hasta que abren la puerta, me pongo el primero y me sueltan: «Por favor, espere.» Y me digo, muy bien, esperaré, y me voy a meter en el coche porque hace un poco de frío. La gente está ahí fuera, de pie, y después de tragarme unas tres veces más que me digan que siga esperando empiezo a estar molesto. Lo mejor sería dejarlo correr: hace frío, está anocheciendo y me digo: «¿Qué pinto yo aquí?» Me toca el turno el último.

Al final, llamo al timbre, abren la puerta y les digo: «Soy Gerry y he venido a presentarme como voluntario.» Y ellas me dicen: «¡Ah, le estábamos esperando!» Pero en seguida me doy cuenta de que me han engañado, porque una comenta: «Habrá pasado frío con los pobres.» Ahora llevo ya trece años tras esa puerta dos veces por semana y, cada vez que tengo que decirle a un tipo que espere, que «tenga paciencia», soy perfectamente consciente de lo que representa.

Colaboro como voluntario permanente y he ayudado a las hermanas a fundar nuevos albergues en otros puntos de Estados Unidos y también en Nuevo México, con los indios navajo. Al principio de mi voluntariado, cuando tenía que tratar con los borrachos que llamaban a nuestra puerta, me resultaba muy difícil adivinar a Jesús en el lamentable atuendo de los pobres. Sin embargo, decidí que tenía que seguir intentándolo, seguir buscando y seguir adelante, porque los pobres de aquí no son como los de Calcuta y México. Aquí, en América, la gente padece de una pobreza más espiritual, que cabría atribuir tal vez a una decadencia moral y al hecho de que, cuando eres pobre, no encajas y punto. Por eso hacemos lo que hacemos en el sur del Bronx, pero no conseguimos demasiados voluntarios, porque necesitamos que vivan allí en permanencia y la mayoría no quieren vivir en esa zona.

Katie y Ken

Los abuelos de Ken eran de la India y queríamos ir a verlos, pero, en lugar de ir en el clásico viaje turístico, decidimos pasar una temporada allí y trabajar con las hermanas de Calcuta. Desde entonces, trabajamos como voluntarios en la casa de los Misioneros de la Caridad en Londres.

El año pasado, mientras estábamos de vacaciones en Israel, se nos ocurrió visitar Nablus, que se encuentra en los territorios ocupados israelíes, donde las hermanas trabajan en circunstancias muy difíciles, atendiendo a niños y ancianos de los campamentos de refugiados palestinos. Nos aconsejaron que no fuésemos, porque es un lugar peligroso, pero, como ya estábamos ahí y Nablus estaba apenas a 75 kilómetros al norte de Jerusalén, no estábamos dispuestos a quedarnos en Jerusalén sin ir a verlas.

No hicimos mucho, salvo llevarles un par de cosillas, pero creo que les gustó mucho que nos tomáramos la molestia de hacerlo. Tienen una casa agradable en su propio terreno, en la que viven cinco hermanas y un cura italiano ya anciano. Pero están muy aisladas y han recibido amenazas, incluso de los palestinos, que al principio las tomaron por colonos judíos. ¡Sólo porque sus saris azules y blancos recuerdan la bandera israelí! Pero los palestinos que antes solían arrojarles piedras les llevan ahora a sus niños lisiados y a sus ancianos.

No cabe duda de que hemos aprendido muchas cosas ayudando a las hermanas en su tarea. Una de ellas es que, cuando te preocupas por la vulnerabilidad de los demás en lugar de por la tuya, te vuelves menos vulnerable. Hemos descubierto que, si te dedicas en cuerpo y alma a ayudar a los demás, en todas partes, no te queda mucho tiempo para preocuparte por tus propios miedos y alcanzas a considerarlos con distancia.

Nigel

Conocí a la Madre Teresa en 1969, cuando el cura de la escuela la invitó a venir a raíz de haber trabajado con las hermanas en Roma, donde él se estaba preparando para el sacerdocio. Yo tenía entonces trece años y, a pesar de que la Madre me pareció una anciana como cualquier otra, recuerdo que lo que dijo ese día en la capilla después de misa me pareció distinto.

Nuestro cura organizaba grupos en la escuela para mandarlos a Italia a trabajar con las hermanas. En aquella época, a principios de los setenta, en Italia todavía existían poblaciones enteras de chabolas. Los niños no tenían mucho que hacer y estaban abandonados a su trágica suerte. Organizábamos actividades deportivas y toda clase de cosas para ellos y se lo pasaban en grande.

Al terminar la universidad, quise devolver algo a la sociedad y decidí trabajar una temporada con las hermanas. Fue una experiencia sumamente enriquecedora, aunque diría que tardé unos dos años en empezar a adivinar qué estábamos haciendo. Me gustaba especialmente la alegría de las hermanas y también esa manera que tenían de llevarse tan bien con la gente.

Vivíamos bastante apretujados en la casa de Kilburn, en Londres, pero nos llegaba mucha gente, no sólo sin hogar, sino también jóvenes, ancianos y gente de todas clases que quería colaborar con nosotros. En el otro extremo del barrio teníamos un albergue con catorce camas para hombres sin hogar. De vez en cuando, las hermanas organizaban salidas y nos dedicábamos a hacer rondas a las 5.30 horas de la mañana, por autopistas y caminos poco frecuentados, distribuyendo invitaciones. Todo aquel que quería venir, venía. Eso me gustaba.

Me di cuenta de que, cuando llegaba a conocer a los personajes con que nos tropezábamos, acababa mirando más allá de las etiquetas de «alcohólico» o «drogadicto» que suelen utilizarse y descubría a la persona, se convertía en mi amiga. No tratábamos de venderles nada. La Madre dice siempre que en todos los hogares de todo el mundo se da sin exigir nada a cambio. Y eso para mí es muy bonito. Muchos de los que venían a quedarse en la casa nos preguntaban: «¿Hay que pagar?» o «¿Lo paga el gobierno?» Y se sorprendían: «¿Cómo puede ser gratis?», y había que aclararles que nos lo daban gratis.

Durante una época tuve muchos problemas familiares. Mi madre estuvo gravemente enferma durante ocho años: padecía trastornos mentales, depresión y estaba aquejada de Parkinson. En resumen, que se me vino todo encima de golpe. Así descubrí que cuando tenía que bañar a mi madre desaparecían todas las barreras. Y no sabría cómo explicarlo, pero cuando mi madre estaba débil yo me volvía más fuerte. Entonces me fui a pasar las vacaciones a la casa de Kilburn y vi que trabajar en un ambiente con gente a la que ya conocía me infundía fuerzas suficientes como para poder regresar a casa a cuidar de los míos. Al morir mi madre, volví junto a los hombres de la casa de Kilburn, porque todos los veteranos estaban allí por *mí* y eso me transmitía mucho afecto y alivio.

Conozco a mucha gente a la que le gustaría trabajar como voluntaria, o hacer cualquier cosa por ayudar a los demás, pero normalmente no quiere saber nada de los problemas que puede conllevar el hacerlo. Las hermanas tienen casas en toda clase de sitios sacudidos por disensiones políticas y amenazas de violencia y algunos se justifican diciendo: «No quiero ir porque no es seguro», pero yo les digo que vayan de todos modos, que entren en contacto con la realidad, ya sea a través de los Misioneros de la Caridad como de cualquier otro medio que se les ocurra. A la mayoría de nosotros nos daría miedo incluso llamar a la puerta del vecino y muchos de nosotros ni siquiera conocemos a nuestros vecinos. Hay que correr el riesgo: puede que algunos nos digan que les dejemos en paz, pero tal vez habrá quien nos brinde su amistad. Y es que muchos de los problemas con los que carga la gente se pueden resolver a través de la mera relación humana. Es imposible sentirse solo si se tiende un puente hacia alguien, especialmente de la propia comunidad. Es algo mutuo: das y recibes.

Mary

Había trabajado como voluntaria en Kalighat y me sentía muy próxima a su gente. Trabajar en el Hogar para moribundos era todo un privilegio, entrar en contacto con los pobres de esa manera, salvar el abismo que separa Oriente de Occidente, las diversas culturas y clases y tocar a alguien de verdad, con la intensidad con que se da allí. Cuando me marché de la India y regresé a Londres sufrí un shock y me di cuenta de lo mucho más artificiales que eran las cosas aquí, más estériles y organizadas. Aun así, procuré seguir en contacto con los pobres, a pesar de que aquí resultaba mucho más difícil. Todos los días, por ejemplo, al salir del trabajo, pasaba junto a un vagabundo que estaba bajo el viaducto. Un día me fijé en que alguien le dejaba todas las mañanas un termo y unos bocadillos, de camino hacia la oficina, y de regreso recogía el termo. Pues bien, pensé que yo podía agregar una naranja y empecé a hacerlo todos los días y a saludarle con un «hola». Por el mero hecho de hacer eso me sentía en contacto espiritual con las hermanas y ahora ya no siento tanto el abismo que separa a los países y culturas. Como dice la Madre Teresa: «No somos más que guijarros que se arrojan al mar y trazan ondas», y una onda se puede hacer con un pequeño acto de ayuda, que no es sino el primero de otros tantos, ¿no es cierto?

Una de las voluntarias de Los Ángeles nos describe aquí cómo ayudó a los hermanos en una de sus misiones y descubrió así lo que al principio le parecía otro mundo. Sin embargo, al igual que tantos otros testimonios, aprendió también que ayudando a alguien uno se puede estar ayudando también a sí mismo.

Geraldine

Un día me ofrecí a ayudar a los hermanos en sus rondas y viví un día que no olvidaré en mucho tiempo.

Todos los sábados y domingos, los hermanos y cooperadores de los Misioneros de la Caridad reparten comida entre los vagabundos de las calles. Un día en que los acompañaba para ayudarlos, al meternos por un callejón, el hermano Luke, que era quien conducía la furgoneta, nos advirtió: «Preparaos, porque este lugar es espantoso. Lo llamamos el "hotel Infierno".» Nos estábamos acercando al hotel y lo único que se acertaba a ver eran montañas de basura. De entrada sólo distinguimos a una mujer sentada dentro de un cobijo hecho con una caja. El hermano Luke y yo nos apeamos de la furgoneta y el hedor de basura y orina me pareció increíble. Casi te cortaba la respiración. Entramos en ese hotel abandonado, salimos a un patio exterior abarrotado también de basura y empezamos a decir a gritos que traíamos comida y bebida. Poco a poco, la gente que vivía allí empezó a salir a nuestro encuentro. Estaban necesitados, demacrados, enfermos, hambrientos y vivían en un lugar que parecía el mismísimo infierno. Verlos surgir de ese edificio me hizo pensar en una película de terror, como si estuvieran resucitando de entre los muertos. Me sentí vencida por esa visión, por el hedor y la total desesperación que lo impregnaba todo.

Mientras estaba repartiendo fruta y bocadillos, se me acercó una mujer que se llamaba Margarita. Estaba enferma, se llevaba las manos a la garganta y apenas podía hablar. Me preguntó si sabía de alguna clínica donde conseguir medicinas y yo no tenía ni idea. Entonces llamé al hermano Luke, y me dijo que podía telefonear a un médico que atendía llamadas de la calle. Margarita nos explicó que vivía en un colchón, bajo un árbol, al otro lado del hotel, y nosotros le aseguramos que regresaríamos con ayuda. En cuanto subimos a la furgoneta empezaron a saltárseme las lágrimas y no podía hacer nada por evitarlo. Lloraba ante aquella desesperación y desamparo, que me parecía lo peor que había visto en años.

Más tarde, hacia las nueve de la noche, se presentó el doctor Bill, cooperador y traumatólogo de uno de los hospitales de Los Ángeles. Fuimos a buscar a Margarita inmediatamente y la encontramos tendida en su colchón, junto al «hotel Infierno». Para entonces, una fiebre de por lo menos cuarenta grados la hacía delirar. Estar en esas calles a aquellas horas era una nueva experiencia para mí. Apenas a tres metros se estaban cerrando tratos de drogas y la actividad que nos rodeaba nos parecía casi clandestina. El doctor Bill estaba explicando la medicación de Margarita a otra mujer. Mientras hablaba con ella, me acerqué a Margarita y me la encontré hecha un ovillo, en posición fetal, temblando de los pies a la cabeza. Estaba rodeada de mantas mugrientas y de moscas como las que se ven sobre los cuerpos de la gente famélica de África. Me arrodillé junto a ella y empecé a acariciarle el antebrazo con suavidad y afecto. Estuve así durante tres o cuatro minutos y, para mi sorpresa, sentí que se estaba relajando. Su cuerpo se destensó y desaparecieron los temblores. Parecía más plácida y tranquila a pesar de estar muy enferma y de estar probablemente padeciendo el síndrome de abstinencia del crack. Al estar enferma, no podía prostituirse para pagarse con ello su adicción a esa droga.

He tardado mucho tiempo en asimilar lo que ocurrió. Creo de verdad que somos canales de la energía curativa de Dios, que podemos transmitirnos de unos a otros. De lo que no estoy tan segura es de quién curó a quién en ese caso. De regreso a Los Ángeles me sentía escindida por el caos que representaba abandonar el que había sido mi trabajo durante dieciocho años y experimentar diversos grados de dolor ante un sinfín de cuestiones. La experiencia con Margarita fue importante en la medida en que llevaba mucho tiempo sin llorar ante el dolor de los demás. Por muy justificable que pudiera haberme parecido en una época revolcarme en mi propio dolor, se me antojó demasiado insignificante a la luz de lo que había vivido en el «hotel Infierno».

Sentía un verdadero vínculo con Margarita. Al día siguiente, fuimos a verla y le llevamos sopa de pollo y agua limpia que beber. Iba mejorando poco a poco y se sentía muy agradecida por nuestra ayuda. Y entonces empecé a preguntarme ¿por qué Margarita y no yo? Mi cerebro me decía que ese misterio de la vida no tenía respuestas sencillas, pero para mí el reto consiste en crear una vida y un estilo de vida que transmita qué es vivir ese misterio.

Peter

Cuando tenía doce años, vi una película sobre Gladys Ailwood, que era una sirvienta sin dinero ni estudios pero empecinada en ser misionera. Al final, se marchó a China y, durante la guerra, guió a más de doscientos niños hasta el otro lado de las montañas para rescatarlos de las luchas. Y me dije: «¡Eso es lo que un día quiero hacer yo!»

Al igual que la mayoría de adolescentes, me alejé de la Iglesia y empecé a trabajar para la industria de la moda. Durante la década punk de los setenta trabajé como modelo fotográfico, un mundo bastante curioso, pero en el que me lo pasaba muy bien.

Un día en que necesitaba una pizca de paz, algo me dijo que entrara en una iglesia. Era una misa normal, pero, hacia el final, el cura se puso a hablar de una mujer que se llamaba Madre Teresa y de unas hermanas. Nunca había oído hablar de ella y quise averiguar más. Entonces me dirigí a la casa de las Misioneras de la Caridad de Londres y hablé con la superiora, que me dijo: «¿Cuándo te gustaría empezar? ¿El sábado que viene?» Ahora llevo trece años trabajando con las hermanas y es como si fueran mis hermanas: haría cualquier cosa por ellas.

Creo que andaba buscando algo, algo en lo que ser útil a los demás. Estando con las hermanas en el comedor de beneficencia, en el turno de noche, y hablando con la gente de la calle, me di cuenta de que lo que estaba haciendo era lo que debía.

Mis prioridades han cambiado por completo. Al cabo de una temporada, decidí que quería dedicarme a una labor humanitaria, a pesar de que sabía de antemano que el dinero no iba a llegar ni a la cuarta parte de lo que había estado ganando. Ahora trabajo en un hospital de Londres para el cáncer. Soy enfermero, de modo que me dedico fundamentalmente a llevar y traer pacientes del quirófano. Veo a mucha gente que no se queja cuando tiene un montón de qué quejarse. Tienen tantas agallas... A veces, tal vez desconsolados, se me acercan y se me confían, y yo ni siquiera los conozco. Viene a ser como una asistencia sociopsicológica, que surge de una manera natural, y no caigo en la cuenta hasta más tarde.

La gente del hospital está al corriente de lo que hago con los Misioneros de la Caridad y se portan muy bien, porque nos proporcionan medicinas que mandamos a Calcuta. Además, patrocino a algunos niños, a tantos como me alcanza con mi sueldo, y Walt Disney me manda un montón de cosas: juguetes y chapas para los niños de Shishu Bhavan.

Creo que por fin he llegado a la conclusión de que cuanto menos cosas posees, más feliz eres. Cuando ves esa manera tan sencilla que tienen de vivir las hermanas te puede cambiar la vida por completo. Es la simplicidad lo que me encanta. Creo que el camino más sencillo es el que mejor conduce a Dios.

Siempre me alegra oír historias de otros que ofrecen su ayuda cuando sienten que hay necesidad. El otro día, un grupo de jóvenes hindúes se me acercó y me contaron que habían decidido fundar una asociación llamada HOPE (Esperanza), cuyo objetivo era ayudar a los desamparados. Así pues, juntaron todo su dinero, se dirigieron al mercado y compraron setenta colchones para los presos de la cárcel. Sacrificaron todo su dinero para hacer este regalo y nunca dijeron a nadie de dónde había salido.

Las oraciones siguientes son algunas de mis favoritas. Las suelo mandar a nuestros cooperadores y voluntarios, para que las entreguen a la gente que los visita, para que les sirvan de guía y ayuda a la hora de ayudar a los demás:

Amado Señor, ayúdame a esparcir tu fragancia allí donde vaya.
Anega mi alma con tu espíritu y vida.
Impregna y posee todo mi ser hasta que mi vida sea mero resplandor de la tuya.
Resplandece a través de mí y sé en mí para que todas las almas
que me rocen sientan tu presencia en mi alma.

¡Deja que alcen la mirada y ya no me vean a mí, sino a Ti, oh Señor!
Quédate conmigo y empezaré a brillar como Tú brillas, con un brillo que iluminará a los demás.
Y esa luz, oh Señor, saldrá de Ti, no será mía; serás Tú, iluminando a los demás a través de mí.
Deja que te glorifique como Tú más amas, iluminando a los que me rodean.
Deja que predique sin predicar, no a través de la palabra, sino de mi ejemplo, de una fuerza arrebatadora.
La influencia de la compasión en lo que hago, la patente plenitud que el amor de mi corazón te profesa.

(Cardenal NEWMAN)

Haznos merecedores, Señor, de ayudar a nuestros compañeros del mundo que viven y mueren en la pobreza y el hambre. Dales, a través de nuestras manos, el pan de cada día y, a través de nuestro amor y comprensión, concédeles paz y alegría.

(Papa PABLO VI)

El fruto del servicio es la paz

Las obras de amor son siempre obras de paz. Cuando compartes el amor con los demás, percibes la paz que se apodera de ellos y de ti. Cuando hay paz, hay Dios: es así como Dios toca nuestras vidas y nos muestra su amor llenando nuestro corazón de paz y alegría.

Guíame de la muerte a la vida,
de la falsedad a la verdad.
Guíame de la desesperación a la esperanza,
del temor a la verdad.
Guíame del odio al amor,
de la guerra a la paz.
Haz que nuestros corazones se llenen de paz.
Nuestro mundo, nuestro universo
Paz, paz, paz.

Los nombres de muchas de nuestras casas de todo el mundo son «Ofrenda de Amor» u «Ofrenda de Paz» debido a la gratitud que sentimos por la gracia que Dios nos ha concedido. Ofrecemos esas casas como lugares para reconfortar a los pobres, pero sólo Dios puede completar nuestro trabajo, como explican la hermana Dolores y a continuación el hermano Geoff:

Cualquier persona que viene a Nirmal Hriday está necesitada tanto de una curación física como espiritual. Podemos ofrecerle compañía, consuelo y fuerzas para la curación física, pero, para la espiritual, necesitamos dirigirnos a Dios. Así, conociendo nuestras fuerzas y nuestras debilidades, nos dirigimos al Señor porque todos nosotros arrastramos antiguas heridas y Él tiene remedio para todo. Es sencillo: basta dirigirnos a Él para que nos conceda la curación interior, una curación espiritual para que nuestras vidas sean más santas y más gratas a Dios.

Si queremos ayudar a una persona físicamente y nos dedicamos plenamente a ello, nuestros esfuerzos la motivarán para amar a Dios y entonces el efecto sobre ellos será también espiritual. En la curación física se diagnostica la enfermedad y se determina la cantidad de medicina necesaria. Son pasos lógicos y racionales. Pero en el aspecto espiritual, como no puede valorarse la curación, debes dejar tiempo para que se desarrolle un proceso espiritual y, cuanto más amor sientas por la persona afectada, más fácil será que se produzca algo espiritual en ella y en ti. Siempre es mejor no esperar nada. Deja que Dios trabaje a su manera y que las cosas sucedan. Ciertamente, he visto realizarse este cambio en mucha gente, mostrando de algún modo que son más conscientes del amor de Dios por ellos. Quizá no lo expresen con palabras, pero es evidente en su conducta: la paz desciende sobre ellos. Por ejemplo, muchas personas discapacitadas son bastante autodestructivas —se dan golpes con la cabeza en la pared y rasgan vestidos y colchones—, pero cuando se les concede un poco más de atención o se las trata con más amabilidad se produce un cambio notable en ellos. Nunca sabemos realmente lo que ocurre en su interior, pero somos conscientes de que en lo más profundo de su ser se produce una curación.

La curación espiritual parece afectar a mucha gente con la que trabajamos: los curadores y los curados comparten la paz de Dios. Una voluntaria de nuestras casas para enfermos de sida de Estados Unidos, Sarah, nos transmite algunas observaciones sobre su trabajo y el efecto que ha tenido sobre ella:

Las personas que vienen a esta casa, conscientes de que el desenlace es que van a morir, encuentran un lugar de descanso muy tranquilo donde, si tienen el más mínimo deseo de conocer a Dios, pueden llegar a conocerlo del modo que les parezca más adecuado. Por ejemplo, algunos creen en la reencarnación, otros no. Mantenemos largas conversaciones sobre Dios y la vida futura, intercambiamos ideas sobre esta vida y lo que podemos imaginar de la próxima. Todas las personas con las que he hablado creen mucho en Dios. Algunas veces, especialmente cuando se encuentran cerca de la muerte, abrazan la fe de las hermanas y piden que se les administre el bautizo, pero nunca se los obliga a ello.

A mí, el hecho de trabajar aquí me ha proporcionado una perspectiva para las cosas de mi vida, un equilibrio. Cuando estoy en el despacho, estoy en el llamado mundo «real», pero cuando empecé a trabajar como voluntaria con las Misioneras de la Caridad un día a la semana, me di cuenta de que el mundo real era éste, no el otro. Nuestro hogar no es un lugar bonito ni atractivo, pero las personas que viven aquí son seres humanos que vuelven a nacer porque están muriendo. La gente de la calle está viva, pero en realidad no vive en absoluto.

Trabajando en esta casa he aprendido qué es lo importante en esta vida y a darme cuenta de que hay algo después de esta vida. Conozco a muchas personas que van por el mundo sin dedicar siquiera un instante a pensar en la vida después de la vida. Pero como Dios me ha enseñado que ama a todo el mundo, ¿quién soy yo para juzgar a los demás? Como resultado de mi trabajo voluntario con las hermanas Misioneras de la Caridad, mi vida es más profunda y más rica y tengo un equilibrio mayor entre lo material y lo espiritual. He encontrado la paz.

La hermana Dolores nos cuenta su experiencia de la paz de Dios en su trabajo con los moribundos:

Muchos hombres que vienen a nuestras casas para enfermos de sida llegan desesperados, pero cuando se encuentran con la atención y la ternura de las hermanas y voluntarias se restablece la paz en sus corazones. Por eso, para ellos, venir a nuestras casas es como volver al hogar. Muchos dicen: «Éste será el último sitio donde viva, el último lugar donde estaré.» Y yo siempre les digo: «No, es el penúltimo. Desde aquí irás a tu verdadera casa, donde nuestro Padre celestial nos espera a todos.» Y muchos desean ir.

Cuando acompaño a una persona en sus últimos momentos y abandona este mundo colmado de paz, pienso que todos tenemos que pasar por ese trance en algún momento. Mi deseo más profundo es ser capaz de irme en paz, de ese modo tan bello. Todos debemos volver a Dios: venimos de Él y volvemos a Él y, por eso, al atender a otros en sus momentos finales, nos ayudamos nosotros mismos.

La hermana Theresina nos habla de la carta que le envió un hombre después de haber visitado la casa de Londres:

Después de venir a vernos, escribió diciendo que con nosotros había encontrado algo que no podía comprar y ni siquiera encontrar por sí mismo: la paz espiritual. Decía que había poseído muchas riquezas en esta vida y no le habían procurado ni un atisbo de paz.

Olvídate de ti mismo y te encontrarás

Tenemos derecho a ser felices y a vivir en paz. Hemos sido creados para ello: hemos nacido para ser felices y sólo podemos encontrar la verdadera paz y felicidad cuando estamos enamorados de Dios. Amar a Dios produce alegría, una gran felicidad. Mucha gente, especialmente en Occidente, piensa que el dinero da la felicidad. A mí me parece que si eres rico debe de ser más difícil ser feliz, porque, con tantas cosas en qué pensar puede costar mucho llegar a ver a Dios. Sin embargo, si Dios te ha dado el don de la riqueza, úsalo para su fin: ayuda a los demás, ayuda a los pobres, crea empleos, da trabajo a los demás. No malgastes tu riqueza porque disponer de comida, de un hogar, de dignidad, libertad, salud y educación es un don de Dios y, por esta razón, debemos ayudar a los que son menos afortunados que nosotros.

Jesús dijo: «Lo que hacéis al más pequeño de los míos, me lo hacéis a Mí.» Por tanto, lo único que me entristece es hacer algo mal, herir a Nuestro Señor de algún modo, por egoísmo o por falta de caridad. Cuando herimos a los pobres, y nos hacemos daño unos a otros, estamos hiriendo a Dios.

Dios es el amo de todo y puede dárnoslo o quitárnoslo todo a su voluntad: comparte, pues, lo que te ha sido dado, que incluye también tu propio ser. La poesía que presentamos a continuación, escrita por uno de nuestros pacientes de sida residente en San Francisco, trata de la alegría de compartir y de la amistad:

Si tengo un amigo, no me importa, ya no,
que hombres o dioses me agravien, me maltraten.
Sus palabras bastan como estrella para mi viaje.
Lo valoro con sosegado elogio.
Si tengo un amigo, no codicio el oro,
ni la dote real para complacerle, sólo
me siento con él y le ofrezco mi mano.
¿Supera la riqueza el tesoro acuñado?, pienso.
Si tengo un amigo, sólo codicio el arte,
una llama pura blanca que me busca mientras trazo,
con letras torcidas de un corazón palpitante,
el himno a la belleza escrito en su semblante.
Aunque con ansiedad he buscado desde que nací,
sólo eso pude aprender en esta tierra.
Es el ofrecimiento de lo que sé:
dar consejo para comprar un enemigo.
No encuentro más que verdades fortuitas
clavadas como zumbidos en mi mente:
disolver una ampolla, quemar una vieja carta.

Y el joven dijo: «Háblanos de la amistad.»
Y él respondió diciendo:
«Tu amigo es la respuesta a tus necesidades.
Es el campo que siembras con amor.
Y cosechas con agradecimiento.
Y es tu tabla de salvación y tu hogar,
para que llegues a él hambriento,
y encuentres en él la paz.»

Sé feliz en el momento, con eso basta. El momento presente es todo lo necesario, nada más. Sé feliz ahora y, si con tus acciones muestras que amas a los demás, incluyendo a los que son más pobres que tú, también les darás felicidad a ellos. No cuesta mucho: puede ser simplemente ofrecerles una sonrisa. El mundo sería un lugar mucho mejor si todo el mundo sonriera más. Sonríe, entonces, muestra alegría y celebra que Dios te ama.

A continuación ofrecemos la oración de paz escrita por san Francisco de Asís que decimos todos los días. Es un recordatorio de cómo podemos conseguir la paz en nuestra vida ofreciéndonos nosotros mismos, con el corazón abierto y limpio, a los demás:

Señor, conviérteme en tu canal de paz
para que
donde haya odio, pueda llevar amor;
donde haya mal, pueda llevar el espíritu de
perdón;
donde haya discordia, pueda llevar la
armonía:
donde haya error, pueda llevar la verdad;
donde haya duda, pueda llevar la fe;
donde haya desesperación, pueda llevar la
esperanza;
donde haya sombras, pueda llevar la luz;
donde haya tristeza, pueda llevar la alegría.
Señor, permite que desee dar consuelo más
que recibirlo,
entender que ser entendido;
amar que ser amado.
Porque es olvidándose a sí mismo como uno
se encuentra;
es perdonando como uno es perdonado;
es muriendo como uno despierta a la vida
eterna.

Para terminar, presentamos algunas palabras de nuestros voluntarios que, ayudando a los pobres, han encontrado la paz y la alegría:

Dave

Desde que empecé a trabajar aquí, en Londres, recibo mucho más de lo que doy. Mi trabajo me da alegría, no para reírme a carcajadas ni para ir de fiesta, sino con un matiz de seriedad. A veces es una alegría despreocupada y fácil y otras veces me produce una sensación de paz más profunda, como la que experimentan los padres cuando nace su hijo o los novios el día de su boda. Soy feliz y estoy contento de estar aquí y, aunque me lo tomo en serio porque el trabajo es muy serio, no siento ninguna ansiedad. Soy una persona mucho más tranquila y relajada desde que trabajo para los demás.

John

La experiencia de trabajar en Kalighat cambió mi vida. Pensaba trabajar allí solamente un día, pero después decidí que quería ir todos los días durante un mes. Sólo sabía que todas las tardes, cuando terminaba el trabajo, me sentía relajado y como en el Cielo. No sé si las hermanas se sentirán así todos los días, pero a mí me parecía tener acceso a otro aspecto de la vida. Este trabajo proporciona una sensación especial que no se parece a ningún sentimiento habitual: en realidad no sé cómo describirlo, es simplemente de paz. Una paz tremenda descendía sobre mí día tras día.

Rupert

Me he convertido en un ser humano completo desde que tuve la oportunidad de trabajar con las Misioneras de la Caridad. Nadie es mejor que nadie, pero aprendí a afrontar con humanidad cada situación y sus limitaciones. Cuanto más das, más recibes. Y todo el tiempo que estás dando, amando y ayudando, más recibe el mundo, más de lo que podemos saber desde nuestro pequeño eslabón. Es como tener una especie de empatía con el corazón del mundo.

Finalmente, termino con un mensaje de paz: amaos los unos a los otros como Dios nos ama a todos. Jesús vino para darnos la buena nueva del amor de Dios y quiere que nos amemos los unos a los otros. Y cuando llegue el momento de morir para volver de nuevo, le oiremos decir: «Entra y posee el Reino preparado para ti porque cuando tenía hambre me diste de comer, iba desnudo y me vestiste, estaba enfermo y me visitaste. Lo que hiciste al más pequeño de los míos, me lo hiciste a Mí.»

Que Dios os bendiga.

MADRE TERESA

DE TODOS MODOS

Las personas son irrazonables, inconsecuentes y egoístas,
ÁMALAS DE TODOS MODOS.
Si haces el bien, te acusarán de tener oscuros motivos egoístas,
HAZ EL BIEN DE TODOS MODOS.
Si tienes éxito y te ganas amigos falsos y enemigos verdaderos,
LUCHA DE TODOS MODOS.
El bien que hagas hoy será olvidado mañana,
HAZ EL BIEN DE TODOS MODOS.
La sinceridad y la franqueza te hacen vulnerable,
SÉ SINCERO Y FRANCO DE TODOS MODOS.
Lo que has tardado años en construir puede ser destruido en una noche,
CONSTRUYE DE TODOS MODOS.
Alguien que necesita ayuda de verdad puede atacarte si le ayudas,
AYÚDALE DE TODOS MODOS.
Da al mundo lo mejor que tienes y te golpearán a pesar de ello,
DA AL MUNDO LO MEJOR QUE TIENES DE TODOS MODOS.

(De un cartel en el muro de Shishu Bhavan, la Casa infantil de Calcuta.)

Apéndices

FECHAS IMPORTANTES

26 de agosto de 1910. Nacimiento de la Madre Teresa y bautismo con el nombre de Agnes Gonxha Bojaxhiu, en Skopje (Albania).

1928 Ingresa en la congregación de las hermanas de Loreto en Irlanda e inicia su noviciado en Darjeeling, India.

1929-1948 Profesora de geografía del Saint Mary High School de Calcuta y directora de la escuela durante algunos años.

1948 Recibe permiso de la Iglesia católica para vivir fuera de la escuela y servir a los «más pobres entre los pobres» en las calles de Calcuta.

1949 Adopta la nacionalidad india.

1950 La Iglesia católica aprueba la Congregación de las hermanas Misioneras de la Caridad, que se establece en Calcuta.

1952 Se funda el primer hogar en la India, Nirmal Hriday, el día del Corazón Inmaculado de María.

1953 Traslado a la Casa Madre en Lower Circular Road, Calcuta.

1960 En esta fecha se han abierto ya veinticinco casas en la India.

1965 Las Misioneras de la Caridad se convierten en una sociedad de derecho pontificio en Roma. La primera casa que abren fuera de la India es en Cocorote, Venezuela.

1966 Los hermanos Misioneros de la Caridad fueron fundados por el hermano Andrew, el primer servidor general.

1968 Se abren casas en Roma y Tanzania.

1969 Se funda la Asociación Internacional de Colaboradores, se abren casas en Australia y se inicia una amplia expansión mundial.

1971 Se abre la primera casa en Estados Unidos, en el sur del Bronx, Nueva York.
La Madre Teresa recibe el Premio de la Paz «Juan XXIII».

1975 Los hermanos abren su primera casa fuera de Calcuta, en Vietnam.

1976 Se funda la rama contemplativa de las Misioneras de la Caridad llamadas «hermanas del Mundo».

1977 Los hermanos abren casa en Hong Kong y proyectan otras en Asia.

1978 Concesión del Premio Nobel de la Paz a la Madre Teresa.

1980 A partir de este año se abren casas para los drogadictos, prostitutas y mujeres maltratadas en todo el mundo. Campaña contra el aborto mediante la promoción de la adopción. Se construyen orfanatos y escuelas para niños pobres.

1985 Se establece un hospicio para enfermos de sida en Nueva York.

1986 Se funda la rama de Misioneros Legos de la Caridad.

1988 Se envían algunas Misioneras de la Caridad a trabajar a Rusia.
Se abre un hogar para enfermos de sida en San Francisco.

1991 La Madre Teresa vuelve por primera vez a su Albania nativa y abre una casa en Tirana.
En esta fecha, se habían establecido ciento sesenta y ocho casas en la India.

1995 Sigue la expansión con el progreso del plan de abrir casas en China.

MÁS INFORMACIÓN SOBRE LAS MISIONERAS DE LA CARIDAD

La congregación está compuesta por ocho secciones:

Hermanas activas.
Hermanas contemplativas.
Hermanos activos.
Hermanos contemplativos.
Padres misioneros.
Misioneros legos .
Voluntarios y colaboradores enfermos y dolientes.

Las hermanas activas y contemplativas reciben una preparación de hasta seis años:

Aspiración: seis meses.
Postulado: máximo un año.
Noviciado: durante dos años. Tras este noviciado se hacen los primeros votos y se pasa a ser hermana profesa.
Juniorado: durante cinco años. Se renuevan los votos todos los años.
Terciania: es el sexto año de votos, tras el cual se hacen los votos definitivos. Antes de ello, las hermanas se van a su casa durante tres semanas para

tener la oportunidad de decidir si desean realmente permanecer en la congregación y servir como Misioneras de la Caridad para toda la vida.

La preparación de noviciado tiene lugar en Calcuta, Manila, Nairobi, San Francisco y Polonia.

Las hermanas activas dedican el día al servicio de los más pobres entre los pobres. Las hermanas contemplativas rezan la mayor parte del día, salvo las dos horas que también prestan servicio en la comunidad. Las hermanas responden ante sus superioras regionales y a veces directamente ante la Madre Teresa.

Los hermanos y padres Misioneros de la Caridad forman congregaciones separadas de las hermanas, pero comparten el mismo espíritu y el mismo voto de servicio libre incondicional a los más pobres entre los pobres. Los hermanos responden ante el servidor general (superior máximo de la congregación) o a sus superiores regionales. Los padres responden al padre superior general.

Los hermanos misioneros de la Caridad tienen un noviciado de dos años después del período de «visita» inicial, que dura de tres a doce meses. No hay período de postulado obligatorio para los hermanos. Son los más activos y hacen un trabajo similar al de las hermanas.

Los padres son más contemplativos: rezan y celebran misa. Ya han sido ordenados sacerdotes o lo llegan a ser con los Misioneros de la Caridad. Si ya eran sacerdotes antes de unirse a la congregación, hacen un noviciado de dos años antes de repetir los votos.

Los Misioneros Legos de la Caridad viven en el mundo, pero hacen votos por el mismo período de tiempo que las hermanas. Pueden estar directamente asociados a la obra apostólica de los misioneros de la Caridad, o buscar su propio apostolado para cumplir el voto de «servicio libre incondicional a los más pobres entre los pobres» durante toda su vida. Son religiosos, pero pueden ser solteros o casados con familia.

Los colaboradores son personas voluntarias con un compromiso espiritual profundo que comparten la visión del trabajo de las Misioneras de la Caridad y desean vivir voluntariamente en la pobreza y exentas de lujo, «irradiando el amor de Dios». Trabajan con los miembros de la congregación y responden ante su superior regional. Llevan una vida de oración y servicio a sus familias y a la comunidad. Los sacerdotes también pueden trabajar voluntariamente como colaboradores: se ha dicho de ellos que son «el corazón espiritual de la familia de los colaboradores». El papa Juan Pablo II pidió ser el primer sacerdote aceptado en el programa de adopción de sacerdotes, mediante el cual un sacerdote y una hermana pueden adoptarse el uno al otro en la oración. Cualquier persona de cualquier credo religioso puede unirse a los colaboradores.

Los colaboradores enfermos y dolientes. Esta asociación fue formada en 1969 por Jacqueline de Decker, quien, debido a la enfermedad y discapacidad que sufría, no podía unirse al trabajo activo de los colaboradores. Por su parte, los colaboradores enfermos y dolientes ofrecen sus sufrimientos a los pobres y al trabajo de las Misioneras de la Caridad que viven con ellos. Sus oraciones proporcionan un sostén espiritual a los misioneros activos que realizan su trabajo. Se convierten en «segundo» de los misioneros, los que rezan por el trabajo de los demás.

El idioma oficial de todos los Misioneros de la Caridad es el inglés.

AGRADECIMIENTOS

Agradezco profundamente el tiempo, sustraído a su trabajo real de ayudar a los pobres, que la Madre Teresa y los hermanos y hermanas de los Misioneros de la Caridad dedicaron a hablar con nosotros. También doy las gracias a los voluntarios de muchos lugares del mundo que compartieron sus experiencias con nosotros, con algunos de los cuales tuvimos la suerte de trabajar. En la India recibimos ayuda y consejos de Naresh y Sunita Kumar, Michael y Jane Anthony y de los miembros de la familia de Omer Ahmed. Mi agradecimiento también para Random House por su aliento y apoyo, especialmente a Fiona MacIntyre y Judith Kendra. Me gustaría agradecer especialmente a Nix Picasso sus ideas, su ayuda en las entrevistas y su dedicación; a Emma Lever por su investigación y transcripción de las entrevistas, y a mi esposa, Penélope, por su ayuda y asesoramiento en todo momento. Fue un placer para mí colaborar con Lucinda Vardey y deseo reconocer también sus contribuciones a Amer Ahmed, Tony Allen, Gerald y Jane Bray, Enid Davidge, Jean Maclean, Bob y Neil Maclean y Richard Taylor. Finalmente, agradezco a mis padres su estímulo y apoyo, y a mis hijas, que tuvieran la paciencia de esperar para poder estar en compañía de su padre.

JOHN CAIRNS

Me gustaría dar las gracias a las siguientes personas, que me han ayudado en este proyecto: a mi amiga y agente Carolyn Brunton por proponerme la redacción de este libro; a Judith Kendra de Rider Books, Random House, por demostrar confianza en mí y por introducirme con tanto acierto en el amorfismo de la vida de Calcuta; a Ann Petrie por su generosidad, apoyo y sabio consejo; a la hermana Priscilla por darme ánimos y cooperar conmigo, y a John Cairns por su convicción, compromiso y sus incansables viajes para recopilar el material para este libro. Mi esposo, John Dalla Costa, me ha aconsejado, apoyado y guiado hacia una más profunda comprensión de la vida cristiana y, finalmente, mi eterna gratitud a la propia Madre Teresa, por su generosidad de espíritu y a la hora de brindarme su tiempo, así como por compartir conmigo su fe.

LUCINDA VARDEY